高等学校广告学专业教学丛书暨高级培训教材

广 告 策 划

吴 平 编著

中国建筑工业出版社

图书在版编目（CIP）数据

广告策划/吴平主编．-北京：中国建筑工业出版社，1999
高等学校广告学专业教学丛书暨高级培训教材
ISBN 7-112-03688-7

Ⅰ.广… Ⅱ.吴… Ⅲ.广告学-高等学校-教材 Ⅳ.F713.8

中国版本图书馆 CIP 数据核字（98）第 35248 号

高等学校广告学专业教学丛书暨高级培训教材
广　告　策　划
吴　平　编著

中国建筑工业出版社出版、发行（北京西郊百万庄）
新　华　书　店　经　销
北京建筑工业印刷厂印刷
开本：850×1168毫米　1/32　印张：6½　字数：170千字
1999年8月第一版　2006年12月第五次印刷
印数：6,201—7,400册　　定价：**17.00**元
ISBN 7-112-03688-7
J·22（8967）

版权所有　翻印必究
如有印装质量问题，可寄本社退换
（邮政编码 100037）

本书为"高等学校广告学专业教学丛书暨高级培训教材"之一。全书上下篇共十三章,内容包括:广告策划概述、广告策划的理论依据、广告策划的基础定位、广告主题表现策划、广告媒体策划、广告时机和地域策划、广告预算策划、报刊广告策划、CM广告策划、户外广告策划及POP广告策划等。

本书不仅为广告学专业师生及初学者的适用教材,也是广告学理论研究者及企业公关人员的一本极好的参考书。

高等学校广告学专业
教学丛书暨高级培训教材编委会

主　任：吴东明　崔善江

副主任：张大镇　陈锡周

编　委：（以姓氏笔划为序）

丁长有　王　从　王　健　王肖生　尤建新

包淳一　乔宽元　吴　平　吴东明　吴国欣

张大镇　张茂林　陈锡周　林章豪　金家驹

唐仁承　崔善江　董景寰

总　　序

广告是商品经济发展的产物,同时广告的发展又促进了商品经济的发展。在现代社会中,广告业的发展水平已成为衡量一个国家或地区经济发展水平的重要标志之一。

随着我国改革开放的深入和社会主义市场经济体制的逐步建立,广告正发挥着日益重要的作用。作为现代信息产业的重要组成部分,广告不断实现着生产与生产、生产与流通、生产与消费,以及流通与消费之间的联系,成为促进商品生产和商品流通进一步发展的不可或缺的重要因素之一,推动着现代社会再生产的顺利进行。这种作用随着社会化大生产的发展及商品经济的发展将会变得越来越明显。

正因为如此,改革开放以来我国广告业有了十分迅猛的发展。截止1995年底,全国广告经营单位已有4.8万家,从业人员47万人,全年广告营业额273亿元。

但是,应该看到,我国广告学研究和广告专业人才的培养工作还远远跟不上广告业迅猛发展的实际需要。一则,作为人才密集、知识密集、技术密集型产业的广告业对专门人才有着大量需求,而目前的实际情况是,广告教育投入还比较薄弱,广告人才极为缺乏。再者,广告学作为一门边缘性、综合性的独立学科,国内的研究只能说是刚刚兴起。还有，为了适应整个广告业向产业化、科学化、规范化的方向发展，无论是广告从业人员的政治素质和业务水平，还是各种广告作品的思想性与艺术性，都亟待提高。

有鉴于此，在中国建筑工业出版社的支持下，我们组织编写了这套适合于广告学专业需用的系列教材，全套共十四本。《广告学概论》阐述广告学的研究对象、理论体系、研究方法等基本原理，及其在广告活动各个环节中的运用原则。《广告创意》在总结国内外大量成功的创意典范基础上，对广告创意作了系统、深入的理论探讨。《广告策划》结合中外广告策划案例分析，从文化、美学的层面上，重点论述广告策划的内容、程序、方法与技巧，揭示了广告策划的一般规律。《广告设计》、《橱窗设计》、《广告制作》不仅论述了广告设计、橱窗设计的一般程序、广告插图、广告色彩的表现形式和处理方法以及主要媒体的广告设计原则，而且还对不同种类的广告制作的材料、工具、方法、步骤等逐一进行阐述。《广告文案》在分析鉴赏中外广告大师杰作的同时，对广告文案的特征、功能、风格及其文化背景等问题展开研究。《广告传播学》全面系统地论述了广告传播原理、功能、传播过程、传播媒介、传播效果及传播媒体战略和国际广告传播。《广告心理学》阐述了广告心理学的基本理论及其在广告计划、广告作品、媒介计划等广告活动中的具体运用。《广告艺术》阐述了广告作为从现代艺术中分离出来的一种独特形式而具有的自身特点、表现形式和发展规律。《广告管理》结合我国国情，就广告管理的结构、内容、方法及广告法规、广告审查制度和责任、广告业的行政处罚和诉讼等问题展开论述。这套系列教材中还包括《企业经营战略导论》、《企业形象导论》及《广告与公关》，分别对企业的总体战略及相应的职能战略、企业形象的要素和企业形象的传播与沟通，以及广告与公关的区别与联系等诸多问题作了系统的、详细的探讨。

统观这套系列教材，有三个明显的特点：其一，具有相当的理论深度。许多理论融中外广告大师的学说于一体，又不乏自己的独有见解，澄清了许多虽被广告界广泛运用却含义模糊的概念。其二，操作性与理论性兼备，相得益彰。系列教材集中外广告大师杰作之大成，又凝结着著作者的广告实践经验和智慧。其三，具有系统性。全套教材从广告学基本理论、到广告活动的各个环节，以及广告学与相关学科的关系，作了一一论述。它的内容不仅覆盖了广告涉及的各个方面，而且有着较强的内在逻辑联系，构成了一个完整的体系。

在系列教材编写过程中，由于广告专业这个门类正在随着实践的发展而不断深化，加上作者水平所限，编写的系列教材中不当之处在所难免，恳望同行专家、学者和广大读者批评指正。

高等学校广告学专业
教学丛书暨高级培训教材编委会

前言

随着我国社会主义市场经济的发展和经济体制改革的深化,以及我国广告业的实践活动朝着产业化、规范化方向的发展,在我国,广告学作为一门具有边缘性、综合性特点的独立学科,也正在从总结国内外的广告实践经验中,求得不断完善和发展。

广告策划就是完善和发展广告学这门学科的重要组成部分,也可称为广告学研究领域的一个分支学科。它研究的对象是,在市场调查研究基础上,对广告的整体战略与战术的谋划与决策。它要解决的任务是,确立广告的目标,分析广告的对象,制订广告的计划和方式、方法,也就是解决广告把什么信息,用什么样的表现形式和信息交流手段,传播给什么对象等一系列重大问题。所以,广告策划也可以说是广告活动的总体规划,它不同于具体的广告设计制作或广告传播。

为了贯彻理论与实践相结合原则,增强本书的理论性和应用性,在书的结构体例上分成上、下两篇。上篇,阐述广告策划理论。其内容包括广告策划概述、广告策划理论依据、广告策划基础定位、广告主题表现策划、广告媒体策划、广告时机与地域策划和广告预算策划。下篇,阐述广告策划实务。其内容包括报刊广告策划、电视广播广告策划、户外广告策划。POP广告策划、直邮广告策划、企业整体广告策划。

在本书编写过程中，自始自终得到了同济大学吴东明教授和丁长有教授的指导和帮助，在此向他们表示衷心的感谢！

由于作者水平有限，书中不妥或错误之处，谨请专家、学者和读者批评指正。

目 录

上篇 广告策划理论

第一章 广告策划概述 ······················· 3
  第一节 广告策划涵义 ······················· 3
  第二节 广告策划特性 ······················· 10
  第三节 广告策划原则 ······················· 11
  第四节 广告策划的地位 ······················· 16
  第五节 广告策划的程序 ······················· 18

第二章 广告策划的理论依据 ······················· 23
  第一节 行销理论——广告策划的理论依据 ······················· 23
  第二节 行销过程理论 ······················· 25
  第三节 广告策划在行销中的地位与作用 ······················· 31

第三章 广告策划的基础定位 ······················· 35
  第一节 调查研究是广告策划的基础 ······················· 35
  第二节 确认消费者市场和企业竞争地位 ······················· 43
  第三节 广告计划 ······················· 51

第四章 广告主题表现策划 ······················· 57
  第一节 广告主题内涵 ······················· 57
  第二节 广告创意革命 ······················· 59
  第三节 广告表现应考虑的因素 ······················· 64

第五章　广告媒体策划 ………………………………… 69
　第一节　广告媒体概述 ………………………………… 69
　第二节　如何选择媒体 ………………………………… 75
　第三节　传媒运用策略 ………………………………… 79

第六章　广告时机和地域策划 ………………………… 89
　第一节　广告的时间选择性 …………………………… 89
　第二节　广告时机策略 ………………………………… 96
　第三节　广告的地域性选择 …………………………… 98
　第四节　广告地域的策略 ……………………………… 102

第七章　广告预算策划 ………………………………… 105
　第一节　广告预算 ……………………………………… 105
　第二节　确定广告预算的方法 ………………………… 109
　第三节　广告预算管理 ………………………………… 117

下篇　广告策划范例

第八章　报纸杂志广告策划 …………………………… 121
　第一节　报纸杂志广告概述 …………………………… 121
　第二节　报纸杂志广告策划 …………………………… 122
　第三节　报纸杂志广告策划范例 ……………………… 124

第九章　CM广告策划 …………………………………… 129
　第一节　CM广告策划概述 …………………………… 129
　第二节　CM广告策划 ………………………………… 130
　第三节　CM广告策划范例 …………………………… 134

第十章　户外广告策划 ………………………………… 137
　第一节　户外广告策划概述 …………………………… 137

第二节　户外广告策划 ································ 139
　　第三节　户外广告策划范例 ···························· 140

第十一章　POP 广告策划 ································ 144
　　第一节　POP 广告概述 ······························· 144
　　第二节　POP 广告策划 ······························· 146
　　第三节　POP 广告策划范例 ··························· 147

第十二章　直邮广告策划 ································ 150
　　第一节　直邮广告概述 ······························· 150
　　第二节　直邮广告策划 ······························· 153
　　第三节　直邮广告策划范例 ··························· 154

第十三章　企业广告整体策划 ···························· 157
　　第一节　广告整体策划概述 ···························· 157
　　第二节　广告整体策划 ······························· 164
　　第三节　广告整体策划范例 ···························· 173

上 篇

广告策划理论

第一章 广告策划概述

第一节 广告策划涵义

为了说明什么是广告策划,有必要先弄清策划的涵义。策划对于我们并不陌生。在人类长期有目的的实践活动中,处处都闪烁着策划思想的光芒,都可以见到策划带来的实践活动的丰硕成果。军事战争的取胜,农田水利建设的成功,科学研究与试验,企业竞争获胜,商品推销的成功,等等,都同人们事先精心的策划并随之作出了正确的决策密切相关。正确周密的策划,正是人类丰富的知识与高超的智慧的充分表现之一。说策划在人类历史上源远流长,也许并不过分。

但是,"策划"作为一个科学概念还是本世纪50年代才提出来的。首先由爱德华·L·伯纳斯将"策划"概念全面引入公共关系的理论与实践,并得到广泛的认可。而后,在其他领域中逐渐推广,成为人们普遍接受的思想。

正如"文化"、"公共关系"的定义多达几十种一样,"策划"这一概念也有不同的理解。有的把策划看成是管理的手段或决策的过程,有的把策划看成是对未来所要采取的行动的准备过程,各各不尽相同。为了准确理解策划的涵义,首先应明确策划的几个基本特征。

第一,策划是对未来的事物而言的,这是策划的前瞻性。现实的、已在进行中的活动已谈不上什么策划了。人们为了把未来的活动进行得更有成效,才进行精心的策划。然而,这种面向未来的策划又不是全然凭空想象进行的,它是从现实出发,前瞻未来而展开、安排的。

第二，策划是一种按特定程序进行的思维活动、智力活动，具有明显的系统性。策划不是对具体事物、具体活动的实际运作，策划是借助于文字、图表或其他方式表现出来的思维活动。它设想出许多过去没有进行的活动，并把许多纷纭复杂的活动事务按时间先后、空间位置以及其他约束条件有序地合理地加以安排，成为一种系统工程，然后由许多人按不同方式分别完成。

第三，策划是根据某一特定目标，对多种活动安排的选择。这是策划的选择性。在策划人员的头脑中，起初会设想出许多种活动方案，不同的安排程序。但这些不可能全都列入策划中，成为策划文本的一页。策划人员会始终不断地分析比较，遴选出哪些最有创意、自认为可能取得最佳效果的活动及其安排方式。他将不得不放弃哪些自认为并非最佳的活动方式及其安排程序。换言之，策划具有选择性，是对不同方式的选择或决定。

从以上关于策划的几个基本特点，我们可以说，策划是一种从现实出发，对未来活动所进行的以思维活动为主要形式的筹划、安排，其目的是为了使未来的活动取得成功且更有效。

一、广告策划定义

广告策划是策划在广告这一特定领域中的应用。只是对策划的内容和对象作了具体限定，而策划所具有的基本特点依然不变。因此，何谓广告策划？我们认为，广告策划是指企业在广告运动中根据广告整体战略与策略作出的前瞻性运筹规划。具体地说，就是广告主为了达到预期的广告目标，按严密的程序制订切实可行的行动步骤、方案，其中包括以科学、客观的市场调查为基础，以广告的定位策略、诉求策略、表现策略、媒介策略等为核心内容，并结合企业其他促销活动加以实施，以保证最终实现企业的广告目标。

对于广告策划的这一定义，应作以下几点说明：

1. 广告策划是在广告业务运作不断发展的基础上不断健全与完善起来的，是现代广告运作科学化、现代化的重要标志之一。

2.广告是企业市场营销组合的因素之一,它必须为广告主的营销目标服务,这就决定了广告策划与广告主的营销策略的关系:营销策略是广告策划的根本依据。

3.广告策划人员应在把握广告主营销战略和策略的前提下,制定广告战略,以此作为指导思想。而不是一开始便进入具体活动的安排规划。没有明确的广告战略思想,仅对具体行动的谋划,并不是真正的广告策划。

4.广告策划固然是从现实市场情况出发,但又不能囿于目前的市场情况。它必须适应市场的发展,这才是广告策划所追求的合理进程。只有实现广告进程的合理化,才能使广告策划达到最佳效果。

5.作为广告策划最终成果表现的广告策划之本,应对广告效果的测定方法及其预期效果有明确的设定。

二、广告策划分类

广告策划可以根据策划的对象、内容分为两类。一类是单体广告策划,即策划人员为一个或几个单一性的广告进行策划,如为某企业一种新产品所进行的报纸广告或电视广告的策划。另一类是整体广告策划,是为实现某一广告目标所进行的整体性、系列化、多样化的广告策划,又称整体广告传播的策划。

单体广告策划和整体广告策划各适用于不同场合。前者策划较为简单,目标单一,所花人力、经费均有限。而整体广告策划因其较复杂,内容较多,所花人力、经费较大,故不是每个企业都能经常进行的。但就广告效果而言,整体广告策划效果更显著,虽然一时投入的广告策划费用较大,但与其可能产生的巨大广告效应或传播效果相比较,这点广告投入还是十分值得的。许多成功的企业都是在开始果断作出巨额广告投入后,而使企业销售大幅上升,企业品牌知名度极大提高,取得了骄人业绩。当然,并不安全排除有一定风险。也正因为如此,人们才要求每一个广告策划应该是成功的、优秀的。

当然,作为一个企业,开始出于经费有限,先进行单体广告策划,以此显示自己在市场上有所作为,提高产品的知名度。而当企业得到发展以后，再开展全面的整合广告传播策划，以使自己产品和服务在消费者心目中占据重要地位。

三、广告策划的目标

广告策划是一项综合性的系统工程，涉及的问题是多方面和复杂的。通常我们阅读或浏览广告，是那么生动有趣，广告画面闪烁着、舞动着、歌唱着……，时时刻刻向我们传递着大量信息。但应谨记，广告策划最重要的目标就是要人们注意并记住广告诉求的企业或产品信息，并对受众发生作用，这是广告策划的首要责任。例如，广告主可能是一个想为自己生产的摩托车找到买主的企业，也可能是一个有数百万资产，急欲在品牌竞争中独占鳌头的企业主，他们都希望花些钱，能在这方面有所成就。如果他们能找到花更少的钱可以达到同一目的的方法，他们就不会选择广告或不会首选广告。

由此表明，广告策划只有明确了要为广告主增加收益，并意识到自己所扮演的角色以后，策划人员才能真正投入到创意之中，使广告至充分信任通过广告策划是到达目标市场、实现公司营销目标的正确有效的途径。而作为广告人，也只有笃信广告策划真正有助于企业主实现以盈利为核心的市场目标，才能拥有巨大信心，开始制作、传播广告，使其准确独特、及时有效地传递信息，以刺激需求、诱导消费、促进销售、开拓市场。

以广告战略为指导的广告策划的目标，即广告传播目标，可以概括为以下 10 项内容：

1. 使产品或品牌被公众所认知。
2. 创立良好的品牌形象，使人们对品牌有好感。
3. 传递品牌的特点、优点。
4. 与竞争者抗衡或取得压倒优势。
5. 纠正错误印象、不良交流或其他销售障碍。
6. 建立熟悉感，使人们一眼认出包装或商标。
7. 树立公司的良好形象，使公众对公司产生信赖感。
8. 确立"信誉基础"，推动新品牌或新产品开发。
9. 使自己独特的销售主题深入人心。

10. 为推销员提供引导。

要保证广告策划的成功，必须十分注重广告策划的整体运作效果。为此，应解决好以下两个决定性问题，即：提供什么以及如何提供。

（一）提供什么

广告策划的主体是产品或服务。所以提供什么这个问题通常被认为是产品决策。但是，这里与市场营销中产品决策不同的是：充分揭示出产品和服务具有什么特色，以及目前消费者需要、喜好什么特色的产品和服务。这就需要市场调研。通过市场调研，收集客观资料，以判断和明确竞争情况，目前顾客的购买行为，他们的心理和生理特征及其发展变化趋势。在市场调研的基础上，把握三个问题：

1. 产品或服务是否与众不同？
2. 产品或服务是否存在卓越的潜质，或优异的"潜在品质"？
3. 产品或服务是否有助于激发感情购买动机？

这三个方面明显地影响着人们对广告的选择，对广告人创意、制作出出色的广告具有十分重大影响。所以，把握这三个问题，是广告策划走向成功的第一步。

（二）如何提供

了解了提供什么，那么，以什么样的方式手段来提供，使传播对象广泛接受，这是广告策划成功与否的又一重要问题。如何提供服务和产品通常涉及到与市场营销相关的多种因素。正确的手段方式是在纵观全局考虑以下因素的基础上，抉择形成的：

1. 品牌形象。这是公司市场竞争中的形象战略的一个方面。现代市场竞争，从一定意义上讲，不仅是生产力竞争，更是营销力、形象力的竞争。品牌形象已成为一种经营战略，或者说成为重要的战略资源。注重品牌包装，将直接掌握市场主动权，形成最大竞争力。

2. 价格定位。这一因素同样对广告效果产生巨大影响。显然，把产品或服务的价格定位高于或低于竞争对手，直接关系到对广大顾客群体的吸引力，影响他们购买力的投向。由此，大多企业产品或服务的广告，都注重价格战，价格定位已成为广告促销中常用的致胜筹码。

3. 销售方式选择。在广告人的心目中，产品或服务的销售不是面对所有的人，并非面对所有的广告受众，广告只是面对目标市场中的一部分受众。因此，在操作方式上，应根据目标市场受众的特征来选择传播方式。如果产品或服务只在某一地区销售，那么广告策划也要注意适应该地区或区域的风土人情。如果只是面对某一阶层的消费者，广告对象"阶层化"而非"全体"，那么，广告就需要迎合这一消费层次，才会有效。

由于对提供什么和怎样提供这两个问题的处理，既是广告策划的先决条件，又在策划进程中始终影响到广告策划的效果，所以必须充分认识和重视，努力做好这两篇文章。

四、广告策划内容

广告策划内容，即广告策划要做哪些工作，这实际上便是提供什么和怎样提供这两个问题的具体化。广告策划工作主要包括：市场调查研究、广告定位决策、创意构思决策、广告媒体选择、效果测定安排等。

（一）市场调查研究

市场调查研究是广告策划的前提或基础。对市场情况不了解，或了解不深入，掌握的市场信息不充分、不准确，是无法进行广告策划的。有许多广告策划的失误，其根据往往在于开初对市场调研不充分，工作做得不细致。市场调研应有计划地进行。首先确定向哪一市场，向哪些调查对象，采用何种方式进行调查，从中获取大量充分的信息。经过整理分析，为尔后的工作做准备，如决定将以何种独具个性的产品，才能赢得市场的欢迎。

（二）广告定位决策

这一步工作的实质是确定产品或服务应该建立何种优势的问题。正确的定位决策，可以形成广告产品的特殊个性，即在同类产品中别具一格的优异之处。而这些优异之处又正是特定用户所能接受并欢迎的。只有正确地确定广告产品的市场位置，广告策划的一切筹谋、规划才是有效的。

广告定位，即广告产品或服务的定位，包括实体定位和观念定位两个方面，这两个方面是相互联系的，所以在广告定位决策时，应注意保持其内在的协调性、一致性。关于实体定位包括的几个主要方面和观念定位的常见方法见图1-1：

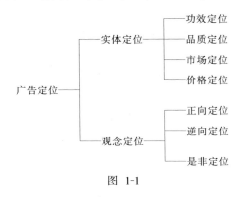

图 1-1

（三）提炼主题、形成创意

这一步工作是广告策划中解决怎样提供的中心环节。在市场调研和广告定位的基础上，在思想上明确：应向广告的接受者（即受众、受者）传达一个怎样的指导思想，怎样的含意。一开始可能并不明确，广告策划人员会感到要告诉受众的很多。于是经过提炼、概括，剔除次要的，抓住关键之处，形成诉求的重点。这就是从分散到集中，从模糊到明晰的主题提炼过程。

一当形成主题，就要努力通过新颖的、独特的创意把主题充分、生动地表达出来，这就是创意形成与发展的过程。创意是为表现主题而浮现于策划人员头脑中的独特的意念，是具有极高价值的创造力的表现，是策划人员智力智慧的硕果。成功的广告就在于能够充分运用创新的诉求方法，巧妙地传递着产品或服务的信息，有效地激发消费者的购买动机、欲望和行为。

（四）广告媒体的选择和安排

再好的广告策划，如果没有媒体的传播，策划的成果就无从实现，也就失去了广告策划的意义。媒体的选择和安排，是解决"如何提供"这一问题的具体方法和工具。这一项工作要根据不同的市场要求和广告策划的根本目标，捕捉最有利的时机，即时发布，使广告主投入的费用富有实效。

（五）效果预测安排

广告效果的预测和安排是广告策划中不可或缺的内容之一。因为广告主对该策划是否满意和具有信心，便是据此来作出判断的。当然，效果预测不是毫无科学根据的夸大不实之辞，必须注重科学性、实效性，安排上具有可操作性。在充分考虑各种市场因素的情况下，以不同方式进行预测，令人信服。

第二节　广告策划特性

广告策划，作为对企业或其他广告主的广告运动进行综合全面的运筹、规划，既具有策划的一般特性，更具有广告领域中策划的具体特性。了解并掌握这些基本特性，既是广告策划工作的客观要求，又可以为广告策划起推进作用。广告策划的特性有：

一、目标行为性

目标行为，是人们为达到某一明确目标而发生的行为。目标越明确，行为越坚定。广告策划作为一种意识明确的行为，具有明显的目标行为性。广告策划的一切思考、规划活动，都是针对目标市场，为实现企业营销目标或其他根本目标服务的。就企业广告主来说，广告策划者始终要针对特定用户，运用（心理的、生理的、感官的、理智的、直接的）心理定位，引导目标市场沿着广告策划的态势逐步发展，回答用户迫切需要了解、解决的问题，消释他们心中的疑虑，以充分激发其需求欲望，获得策划的预期效果。策划人员每一步深思熟虑，无不是为达到某一目标而进行的。

二、计划有序性

按时间进程来看，广告策划是有步骤、有重点、分阶段进行的。它要根据商品导入期、成长期、成熟期、衰退期的不同特点，根据用户的认识规律和心理反应规律，有计划地实施广告策划中的各项策略，使人们在无意中强烈感受广告的魅力，达到广告传播的目的。

三、主题统一性

广告策划要求在不同时段的广告运动,不同形式、不同媒介的广告,在主题思想上要维持统一,即使有所发展,也应保持连续性,内在的一致性,始终服从广告总目标,以利于树立统一的产品形象、企业形象。要克服不同媒体之间、策略之间互相矛盾、互相冲突,绝对避免造成用户的错觉或概念模糊。但表现形式可以多种多样,不拘一格。

四、艺术渲染性

广告策划中的许多工作,不能安于普通的表现形式,总是力求出奇制性,强调视听觉及对其他感官的冲击力,即注重艺术表现力,或者说,把艺术商业化,求得对目标顾客群的震撼和感染。当然,我们强调广告策划要有艺术渲染,并不是舍弃广告根本目标单纯地追求广告艺术,而是把高超的广告艺术融于广告内涵,突出广告主题,达到从广告中享受艺术,从艺术中感受广告信息的效果。

五、有效测定性

广告策划必须兼顾有效性和可行性,即注重效果,要求广告策划具有理想的效果并可预先或事后实际测量。广告策划需要大量投入,广告十分关心广告效果是情理之中的事。而广告的实际效果一般是事后发生的,这就需要通过各种模拟方式或手段进行预测或事后测定,如企业产品销售收入和利润的增长,企业知名度的提高,无形资产的增加等。这些效果越是能够测定出来,便越是能够增加广告主和广告策划人员的信心,也有助于减低对广告运动进行大量投资的风险。所以广告策划人员不应强调自身对广告策划工作如何殚精竭虑,而忽视对其效果的测定,应把有效测定性始终放在广告策划这一系统工程的重要位置上来。

第三节 广告策划原则

广告策划是一项复杂的超前性思维活动,是一项针对某一特定目标，而又要考虑多方面因素的创造性工作。只有坚持若干基本原则，才能把它做好，少走弯路。这些原则固然需要因时因地加以灵活运用，但都应坚持，不可偏废。

一、求实原则

广告虽然需要夸张、渲染，但不能违背真实。坚持广告的真实性，这是最基本的准则。无论在什么时代、什么场合，对何种商品进行广告宣传，只有真实才能赢得公众的信任。虚假是一种误导，误导只能带来危害。不仅给公众带来危害，也给自己带来危害。所以广告策划必须具有高度的责任感和敬业精神，把真实的信息传达给公众，让公众从中有比较地选择自己的需求。

纵观广告界目前的种种广告策划，遵循求实原则中尚存在如下偏向：

1. 在经营方针上，广告策划中只注重"单面信息"的传播，即只宣传产品或劳务的特点、优点，而只字不提已有的或可能具有的缺点。虽然单面信息的传递尚属恰如其分，真实可靠，但从广告求实原则应进行双面信息传递的要求来看，这是不完整的、片面的。在宣传优点的同时，提及商品的某些不足，会给受众一种全面的、可信赖的真实感。这种广告更能被受众理解、接受，他们通过比较、选择，反而更有利于促销。如果一味回避商品明显的不足，一旦购买使用，顾客会有上当受骗的感觉，该企业也给人以一种不诚实的印象。因此，在广告策划中要注重双面信息，实事求是，在顾客面前显示诚实经商的形象，争取广泛的信任，这才能取得长久的宣传效果。

2. 在策划方法上，往往过分强调艺术性，运用纯审美手法把艺术表现置于第一位，从而忽视了广告应有的真实性。广告固然需要艺术，没有艺术感染力，广告的效果就会大打折扣。但是广告表现必须来源于真实，真实是基础，艺术只能为真实服务，处于从属地位，绝不能把真实性和艺术的位置颠倒过来。

二、求新原则

广告策划，作为一项形象塑造工程，总要力求让策划的形象（企业家形象、产品形象、企业形象）给人一种全新的感受，使人耳目一新，不同凡响。如果广告策划落于俗套，就会显得脆弱，不可能为企业争得应有的市场地位。由此，广告策划始终要保持旺盛的创造力，浓厚的创新意识，以新触动、以新启发、以新吸引受众。唯其如此，才能别具一格，这是广告策划的灵魂。策划者切忌简单化、程式化。

求新原则主要表现为二个方面：

第一，广告语创意要新。广告语应从经营理念中提炼，使广告语力求易记，富有哲理，富有人情味、感召力，从而引人回味，引起共鸣。

第二，广告表现应具有想象力，突出个性。为此，策划人是往往从民族文化遗产中挖掘创造潜力，推陈出新，古为今用；也可以从现代化科技的飞跃发展中寻求突破；或可从国外成功的广告创意中汲取养料，洋为中用。所有这些努力，使广告表现不断地形成各种新的风格、新的格调和形式，有效地传递商业信息。

三、依法原则

广告是一项严肃的社会活动。广告不仅是一种经济现象，而且是一种意识形态，对社会文化和社会风气有着巨大的影响作用，理应受到法律和道德的约束。为了规范广告活动，促进广告业蓬勃健康地发展，保护消费者的合法权益，维护社会经济秩序，发挥广告在社会经济生活中的积极作用，1995年2月1日起，我国开始实施《广告法》。这一法规的颁布，为我国从事广告活动提供了有力的法律依据，规定了广告应遵循公平、诚实、守信用的原则，不得含有虚假的内容，不得欺骗和误导消费者。广告的内容应当有利于人民的身心健康，促进商业和服务质量的提高，保护消费者的合法权益，遵守社会公德和职业道德，维护国家的尊严和利益。作为广告策划人员，对此必须谨记在心，并在策划活动中切实遵循。

四、组合原则

广告策划由市场、策划、创意、美工、媒体等方面组合而成，相互不可分割。它们互相联合、协调的程度，直接影响着营销整体的格局和成功与否。由此可见，广告策划作为一个有机整体，应从整体的特征和运动规律，来揭示内在的相互依赖、相互制约的关系，最终实现最优化的目的。

组合原则的基本思想在于：

1. 确定最优目标，建立广告策划系统工程，统筹兼顾，使广告宣传系统成为优化结构。

2. 分析并强调广告策划的阶段性和有序性，使广告策划各项工作顺理成章，展开工作。

组合原则具体体现：

1. 注重广告与产品之间的协调。广告必须服从产品宣传的需要，并与产品保持一致，广告不能高于产品，否则导致虚假；广告不能低于产品，否则导致贬低；广告不能背离产品，否则导致背离脱节。

2. 注重广告各种媒体的有效配合。在选择媒体、运用媒体时，不同媒体之间要相互协调，主题明确，组合有序，不能相互抵冲，自相矛盾。

3. 注重广告内容与表现形式的统一。广告内容要恰如其分地来表现，任何广告形式都必须服从广告内容，实现内容和形式的和谐，使人们从中感到赏心悦目，激发起购买欲望的冲动。

4. 注重广告与外部环境的适应。广告要充分利用有利的环境因素，"借船渡海"，通过环境（政治、风土人情、风俗习惯、节日、季节等）因素来宣传，让人认识和了解广告。既做了广告，又得了人心。更可以赋予广告某种象征意义，使人记忆更新、更牢、更富有内涵。

五、心理原则

科学的广告策划是依照心理学法则进行的，是以广告心理活动规律为前提条件的。广告心理活动规律可概括为 AIDMA 规律，这里五个字母代表五种心理现象或心理活动，它们构成了广告心理活动的五个阶段。具体表现为：

注意（Atention）就是广告信息诉诸感觉，引起刺激。

兴趣（Interest）就是赋予特色，激发热情。

需求（Desire）就是刺激欲望，产生动机。

记忆（Memory）就是形成印象，记在心中。

行动（Action）就是确立信念，导致行动。

广告策划人员要细心揣摸和捕捉市场需求，正确地把握消费者在市场中的想法，考虑什么，需要什么，他们对什么最感兴趣？哪种需求最迫切？摸准消费者心理的规律，从而实施有效的广告攻势，动之以情，晓之以理，因势利导，才能使之共鸣。

遵循广告策划心理原则，我们要注意二个前提条件：

一、有可能激发需要。实施心理攻势的广告，其目的就是要人们去购买宣传的产品或服务。如果人们对此没有需要，也就不可能去关心，也就不会有兴趣。如果有这种可能，就可以实施心理攻势，先引起瞬间兴趣，然后逐步加深印象，直到购买。

二、有一定的购买力。研究心理活动过程，首先要判断这些消费者属于哪一购买层次？这一层次有没有一定的购买能力？如果缺乏相应的购买力，也就失去了实施心理攻势的意义。如果存在相应的购买力，属于潜在购买者，那就可以制定心理攻势，诱发购买动机。

六、效益原则

从广告策划到广告实施，这是一种投入，而投入的本身就需要产出，带来效益。效益主要体现在两个方面：一是广告经济效益；二是社会效益。

广告经济效益，就是指用较少的广告费用，获得较大的广告效果。广告策划应时时注意广告主的利益，严格经济核算，在不同方案中选择最佳方案，力求广告运动成本低，效果好。只有这样，才能吸引广告主。因为一切广告主都希望能够以最少的成本获得最大的效益。

广告经济效益具体表现为：

1．创造需求：主要指市场份额和消费数量提高。

2．创造信誉：主要指提高购物放心程度和名优效应。

3．减少流通费用：主要指通过广告可以直接让人认知，避免了间接环节。

广告还具有相应的社会效益。广告是面向大众的经济信息传播工具，广告的本身就是一种社会文化，必然会给社会不同程度地带来各种各样的影响。

具体表现在：
1. 引发社会消费观念更新。
2. 引导新的社会生活方式。
3. 影响社会文化思潮。

第四节 广告策划的地位

广告策划是全部广告活动中的一项工作。它虽然涉及到对全部广告运动的综合性规划和安排，但不能代替全部广告活动。广告活动的各种工作在内容、形式、要求等方面都不同。那么，广告策划相对于广告运动的其他各类活动，其关系如何？具有何种作用？广告策划的成败对其他活动影响如何？这便是广告策划的地位所要回答的问题。

成功的广告，离不开广告事先的精心策划。在广告运动中，许多精心策划的广告不仅为企业的营销活动推波助澜，鸣锣开道，实现了企业的营销宗旨，而且树立了良好的社会形象。显而易见，广告策划在广告运动中起着灵魂性的关键作用，领导着广告运动的发展，这就决定了广告策划在广告运动中的主导地位。

从静态角度来看，即从广告策划相对广告其他各项活动的作用、影响来看，广告策划在这些活动中处于核心地位。通常广告活动包括广告战略形成、广告目标的确定、广告对象、广告主题、广告文案、广告方式、广告媒体、广告时机、广告效果等，都是通过精心的广告策划而展开形成的，如图1-2所示。

再从动态过程来看，即从广告策划所涉及的各种活动及其运作过程来看，广告运动的全过程包括广告调查、广告策划、广告创意、广告制作和广告效果测定等，其中，广告策划处于决定性地位，如图1-3所示。

由图1-3可见，广告策划处于广告运动的关键地位，承上启下，影响整个广告运动的进程和质量。对此，可作如下四点说明：

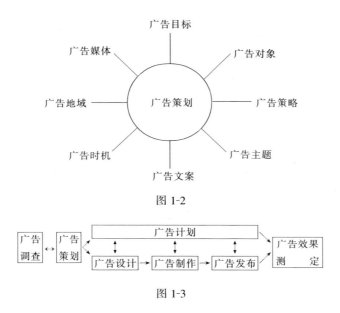

图 1-2

图 1-3

1. 广告策划是以广告调查为前提的。这一调查涉及市场调查、产品调查、用户调查、对手调查、媒体调查，其结果为广告策划所利用。反过来，广告策划也为广告调查作指导，明确调查目的和范围。

2. 广告策划的成果表现是广告计划书，也是广告策划的最终产品，它把广告策划所决定的战略、策略、方法、步骤一一以书面形式体现出来。广告策划和广告计划显然区别在于：广告策划是一种活动，而广告计划则是这一活动的结果及表现形式。

3. 广告策划决定着广告设计、广告制作和广告发布。广告设计来源于广告策划的意图和构思，它不能脱离广告策划的主题思想而盲目刻意求新。而广告制作又必须在设计的基础上进行，遵从广告策划的基本原则、广告战略与策略。广告发布同样不能背离广告策划规定的有关原则要求，无论发布媒体、频次、密度和时机，都按广告策划的安排有序地进行。反之，以上各项工作一旦背离了广告策划所确定的安排、程序和要求,势必形成各吹各的号,则最终不能实现广告运动的总目标以至营销目标。

4.广告策划的效果检测标准,包括是非标准、质量标准、成败标准等,这些检测标准及其实际检测都是广告策划中安排好的。有些检测还具有超前性,在广告运动的全过程进行,有利于保证广告运动成功。

第五节 广告策划的程序

一个成功的广告策划,是按照一定的程序,有计划、有步骤逐步完成的,并且在策划的发展过程中不断地改进和完善,最终成为具有轰动效应的广告策划。其程序模式如图1-4所示。

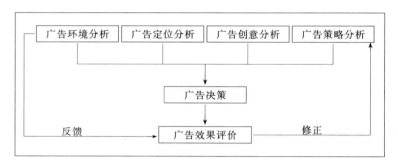

图1-4 广告策划程序图

广告策划应从广告环境分析开始。首先进行广告定位,通过广告主体产品或劳务的分析,把握广告个性,形成明确的广告目标和广告主题,进而广告创意形成,然后进入广告策略拟定,选取恰当的表现方式,在上述分析基础上进行广告决策,制订出实施计划,根据广告效果测定标准,检验广告效果。

在整个策划过程中,各阶段之间,应不断地进行反馈、修正。因为广告策划不是一种单向运动,而是双向运动,通过这种双向运动交流,不断地提高广告策划水平,使之更加完善,最终达到预期效果。

一、广告环境分析

广告环境分析就是对于广告环境作深入的了解和研究，以寻找产品在市场的定位，从而找到广告在市场的定位。广告环境对广告策划具有极大的制约作用和导向作用，其作用如图1-5所示。

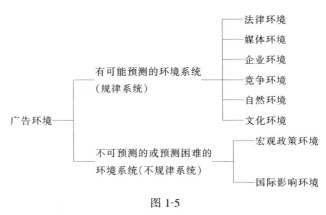

图1-5

（一）有可能预测的环境系统

有可能预测的环境系统应考虑分析以下内容：

1. 自然环境主要指季节。从季看有春夏秋冬；从节气看，按我国农历，共有二十四个节气。季节的变化对于实施广告策略具有相当重要的意义。

2. 企业环境。主要指企业的内部经营状况，包括企业的经济实力、经营目标、发展阶段、技术能力、管理素质、凝聚力等方面。这是广告策划进行宣传的保障系统。良好的管理、内在的品质、良好的形象、企业的规模，这些能够使广告宣传更具有说服力和号召力。

3. 竞争环境。主要是指竞争对手各方面的具体情况。只有知己知彼，才能百战不殆。了解竞争对手是广告策划中甚为关键的环节。要扩大市场占有率，要在竞争中取胜，就必须有针对性地分析竞争环境，如对手的资金拥有情况，企业的规模、技术水平、产品情况、服务状况、市场占有率、发展动态以及潜在的竞争对手，从中找到对手的薄弱环节，依据自身的优势所在，确立宣传攻势，以求一举取胜。

4．媒体环境。主要是指本企业同竞争者相比在广告表现中媒介政策的区别。在广告策划中要选择主要竞争对手，对其广告表现的样本和不同媒介发表的广告的样式进行全面搜索和了解。

5．法律环境。主要是指在广告策划中要依据广告法以及其他有关法律条文的要求办事，以正当的广告行为来广泛宣传企业，扩大企业的知名度和信誉度，并密切注意近期或未来一段时间可能出台的新政策、新法则，提高策划人员的法制意识，强化对法律环境变化的敏感性。

（二）不可预测和预测困难的环境系统

从不可预测和预测困难的环境系统来分析，应考虑以下两个方面，它们各自又包含许多具体内容。

1．宏观政策环境：主要是指新的法规、法律、政策、规则的修改和变化，影响产品的销路，这是不可抗拒的因素，没有现成的规律可循，因此在广告策划中，要注重宏观政策的研究，加强预测的能力，尽量做到高瞻远瞩。

2．国际环境：主要指各国的对外贸易政策、各国的选举、政治上的动荡包括罢工、战争、争端、政变等因素，以及重大国际会议和国际比赛，都有可能影响到固有的广告策划。这些重大因素对现有广告策划的影响或是锦上添花，或是产生消极影响，不可一概而论。

二、广告定位分析

广告定位就是企业或广告策划者根据客户的需求偏爱、重视程度，确立广告对象，找到产品在顾客心目中的位置，从而形成具有特色的形象。

为此，广告定位分析应从广告目标定位和广告产品定位两方面展开。广告目标定位就是指确定商品的销售对象，广告产品定位就是指产品个性内涵和赋予它的精神意义，两者是相互统一的。

（一）广告目标定位分析

广告目标定位分析，要确定商品卖给谁、适合谁、广告信息传递给谁。任何商品都有自身的特征，诸如生产工艺、形状、结构、花色、规格、质量、价格、服务等。这些特征都能满足某些顾客，但是不能迎合所有的客户。为此，需要根据广告心理活动规律，突出自身的特征，确立一个主要销售对象，确定自身的定位，对人们的消费行为和思想观念起引导作用。

（二）广告产品定位分析

广告产品定位分析。即商品个性内涵的确定和赋予其特有的精神意义，亦即明确商品的品质和特色是什么。如商品属于何种层次，原料来自何地，外观体现哪种思潮，品种有多少系列，声誉在市场有多响，其中哪些是最具特色的。所有这些都是确定产品定位的前提条件。只有找到商品的突出的个性，才能正确地确定广告定位。赋予商品的精神意义，是指产品能够在人们精神生活方面带来的利益。这种利益可以是直接的，也可以是间接的，需要先发掘，而后去点化、去赋予。但不管是直接的，还是间接的，都能带来一种正面、反面的精神享受、宽慰和满足，使人们从精神的角度去体察这一产品的现实意义，进而形成一种强烈的需求。

三、广告创意分析

广告创意就是把概念上的广告定位，以创造性的形式表现出来。应把广告定位的主体思想深入化、艺术化、形象化，故是一种复杂的思维活动。

广告创意是科学加艺术的结合，是集体智慧的结晶。不仅规定着广告的思想性，而且决定着广告的感染力。由此，广告创意必须标新立异，提倡创意革命，这是广告策划的灵魂所在之一。

四、广告策略分析

广告策略是在市场营销策略的指导下，将策划的广告主题和创意思想根据产品推广的实际情况制订出灵活的行动方案，有计划、有步骤地付诸实施，使之产生应有的效果。

这种方法一般包括选取合适的广告媒体、确定广告区域范围、选择广告传播时机以及相应的市场营销方式等。

五、广告效果分析

广告效果分析包括事前广告模拟效果分析、事后实际效果分析两类。事前广告模拟效果就是在广告策划进入实施阶段之前，运用科学的模拟方法，进行试验、检测和分析，通常做法是抽查观摩效果。诚邀一定数量客户当场观摩，提出意见，从而反馈广告策划是否适合被抽查顾客的心理愿望和要求。事后实际效果分析就是以策划的广告直接与大众见面，运用科学的统计方法进行检测，看其是否达到预期的广告目标。广告效果分析有阶段性和连续性，不是一次完成，而是通过多次分析不断地深化、全面、准确。

广告策划的反馈与修正：

在广告策划的过程中，通过市场反馈的新的信息和特殊情况，应及时地用来调整和充实广告策划的内容，使之跟上潮流。这样，即使广告策划在实施中出现偏差，也可亡羊补牢，为时不晚，这是广告策划常有之事。关键在于如何迅速、适时调整以及调整方向的把握。

广告策划过程中，常发生的偏差有：

1. 广告定位偏差。具体表现为：（1）广告目标定位选择错误；（2）广告产品定位无大的发展前途；（3）广告定位整体选择误差，从而导致受众的关心点与你推出的产品达不成共鸣。这时必须立即修正广告定位，以求适应受众心理。

2. 主题创意不新。具体表现为：（1）创意把握不准，缺乏个性；（2）主题创意较为平淡，缺乏感染力；（3）主题创意缺乏时代感，不能激发人们的兴趣，激发不出购买热情。这时必须适当调整广告方式，以一种崭新的姿态，唤起人们对你的注意和重视。

3. 策略安排有误。具体表现为：（1）方式不恰当；（2）时机不恰当；（3）地域不合适。从而导致广告推出影响力小，达不到预期目的。

第二章 广告策划的理论依据

第一节 行销理论——广告策划的理论依据

广告策划是为企业行销服务的，是行销战略和策略的有力宣传工具，所以，广告策划需要以现代市场行销理论作为理论基础和指导思想。

何谓行销

行销，或称营销。美国市场营销协议定义：市场营销是关于构思、货物和劳务的设计定价、促销和分销的规划与实施过程，旨在导致符合个人和组织目标的交换。

菲立普·柯特莱定义，行销是透过交换过程导致满足需要与欲求的人类活动。这是一种买卖双方互利的交换。即所谓 Win-Win Game（赢-赢游戏）就是说，卖方按买方的需要提供产品与劳务，使买方得到满足，买方则付出相应的货币，使卖方也得到满足，双方各得其所，没有谁赢谁亏的结局。

从上述两大权威性的定义来看，有一个共同点，即市场营销是一种从市场需要出发的管理经营过程，其核心思想是交换。

广告策划是在市场营销整体中一种有意识的宣传活动，是在行销管理理论的指导下进行的。它是贯彻和执行行销意图，形成一种导向，一种观念，对市场进行传播。市场行销指导思想的正确与否将影响到广告策划的成败，具有决定性意义。因此，正确认识企业的行销思想显得十分重要。

行销思想是在一定经济基础上形成的，并随着商品的发展和市场形式的变化而发展。其发展走势一般称之为"三层次学说"：

第一层次是生产导向；第二层次是行销导向；第三层次是社会行销导向。

一、生产导向

这是一种传统的、古老的经营思想，企业的一切经营活动，都以生产为中心，有质有量，以产定销。其主要特点是不注意消费者的欲求和需要，更不注意满足这些需求的重要性。仅根据本身生产能力或利益去发展、去实现产品的销售。企业的主要任务是努力提高效率，降低成本，扩大生产。

本世纪20年代初，美国汽车大王亨利·福特的经营哲学就是千方百计增加T型车辆，降低成本和价格去占领市场，获取规模经济效益。关于消费者对汽车颜色的爱好，根本不予考虑，永远是黑色。到20年代中期，T型车销量大减，市场占有率地位被通用汽车公司所取代。

这一思想的根本特点可以图示说明：

二、行销导向

行销导向是一种以顾客需要和欲望为导向的经营哲学，从消费者的需求出发，根据市场规律预测和确定市场特性，通过行销手段去适应市场需求。它把企业的生产经营活动看作是一个不断满足顾客需要的过程。发现需要并设法满足它们，而不是制造出产品以后再设法推销出去。是制造能够销售出去的产品，而不是推销已经生产出来的产品。

这一思想的根本特点可表示为：

三、社会行销导向

社会行销导向，不仅要满足消费者的需要和欲望，还要考虑符合消费者自身和整个社会的长远利益。要正确处理消费者欲望、企业利润和社会整体利益之间的矛盾,统筹兼顾,求得三者之间的平衡与协调,如图2-1所示。

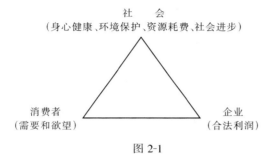

图 2-1

现代市场营销观念确立了广告策划的理论基础和指导思想,广告策划始终应在现代市场营销理论指导下进行。根据市场行销环境及自身经营特长,发挥其广告策划的宣传和推广功能,为企业市场行销的实现开避道路。

第二节 行销过程理论

行销过程是指企业识别、分析、选择和发掘市场营销机会,以实现企业任务和目标的过程,这是企业为了能使其产品或劳务最有效地销售给最后消费者以获取最大利润所要考虑的。在这一过程中所涉及的主要环节有:

1. 评估行销环境;
2. 确定短期与长期目标;
3. 策略性规划;
4. 行销机会分析;
5. 选择目标市场;
6. 行销组合策略;
7. 行销活动管理。

一、行销环境

一切行销都在一定环境中运作,环境限制着企业能作什么与不能作什么。这一环境系统分为外部环境与内部环境。

外部环境由企业以外的要素、力量情况及限制条件所组成。它影响着可能生产的产品的类型,企业可能为其产品所定的价格,行销所使用的方法,以及对潜在消费者所使用的推广和传播方法。

内部环境是由产品、价格、促销渠道、信用等要素组成。这些要素对企业行销活动具有决定影响,虽然具有更大控制力,但在行销中能做什么、不能做什么也要受其限制与约束,在发展行销计划时,这些因素直接影响到产品推广活动,因此也会涉及到广告策划的方法。

二、确定短期和长期的目标

企业应根据行销环境分别制定长期目标和短期目标。

长期经营目标考虑的是:企业介入何种商业领域、投资回收率和回收期、地理区域的营运和市场占有率、发展重点和营运指导方针。

企业短期目标要解决:销售水准、定价政策、促销目标、新品上市、调整策略等。

三、策略性规划

通过评估各企业市场占有率成长与获利能力的增长潜能,对企业进行互相比较,以决定应该支持谁、维持或结束哪一企业,以达到本企业的目的。

最常见方法是产品搭配分析,又称四方格矩阵分析。

公司以其在竞争产业中的成长率,以及相对竞争经营(市场占有率)为依据,来确定企业发展的四种类型,如图2-2所示:

左上象限的营业,称之谓高增长、高市场类型。这种营业不仅成长速度快,而且市场占有率高,这一营业可以列为公司获利最大、成长机会最好的单位。

左下象限的营业,称之谓低成长,低市场类型。这种营业具有低成长高市场占有率的优势,通常能建立起优势的市场地位。

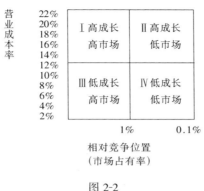

图 2-2

由于低成本、低成长率以及对投资需求的金额少,因而有其可观的效益和可观的前途的能力。

右下象限的营业,称之谓低成长,低市场类型。这种营业虽然有较低成长率,但市场占有率却小,故而通常并不很赚钱,欲振乏力,每况愈下,在通货膨胀率高的时期,甚至难以维持生存,因而公司应该尽量限制这类营业。

右上象限的营业,称之谓高成长,低市场类型。这种高成长营业实际上是盲目的,并且成本不断增大,反过来市场占有率却很低,产生效益不高。因此,对于这一营业类别一般可以任其自然或放弃。

一旦确认了行销环境,长期短期目标及策略性规划,企业就能明确行销活动应集中在哪些营业范围及市场进行展开,从而使有限的资源(行销费用、人力、时间)集中起来进行市场活动。

四、市场机会分析

市场机会就是市场上尚未满足的潜在需要。市场机会分析一般是从行销环境开始,分析可能的产品或劳务市场,以决定企业如何进入这一市场的可行性,并找到有利可图的解决方法。市场机会分析不仅适用于新产品的上市,也适用于既存产品的运作。

假如某一食品企业根据环境评估、长期和短期目标的确定以及策略性规划的要求,决定生产或发展系列水果饮料,认为最适合企业的发展潜能。由此,企业欲在整个饮料环境中决定有无行销机会，就需要调查饮料市场营销整体环境并对之进行分析，关于饮料全部类型和种类，关于人口统计资料、气候，关于社会上饮料的用法与消费倾向，关于文化上对饮料的差异和用途，关于冷热饮环境、销售趋势、原料取得、竞争程度、产品利润、定位区域等等。

五、选择目标市场

当市场机会选定后，企业就要分析哪一消费群体是最有可能的潜在顾客。从行销观点而言，目标市场最好是选择这一产品在市场上还没有满足的群体。但实际上，这种市场机会微乎其微，所以，选择目标市场要对市场容量、市场结构进行分析，明确选择范围，进而找到为之服务的目标市场。

1. 测量和预测市场需求：对选定的市场机会，评估其现有和未来的容量，同时分析顾客类型及需求构成，从而预测市场前景。

2. 市场细分：按照不同的需求特征，把顾客分成若干部分，即把市场分成若干区域。这是因为顾客的需求是复杂多样的，每个顾客群都会因地理、心理和习惯等方面情况形成不同需求特征。细分市场是由那些对一定的行销刺激具有相似反映的顾客群所构成。任何企业都不能为所有细分市场提供最佳服务，而是根据自己的目标和资源，集中力量服务于部分细分市场。

3. 选择目标市场：在对市场进行细分的基础上，选择部分细分市场作为自己的服务对象。这些选中的细分市场称之为目标市场。企业根据自己的营销目标和资源条件选择一定的目标市场进行经营，就构成目标市场营销。

4. 市场定位：在选定目标市场后，就需要进行市场定位，采取适当定位战略。所谓市场定位，就是树立企业产品在目标市场（顾客心目中）的品牌形象，以一定的特色适应和迎合顾客需求。

不同的顾客都有自身的评估取向和认同标准，企业要在市场竞争中脱颖而出，实现市场定位，关键在于：

（1）确立竞争优势。

(2) 实施适当的定位战略。
(3) 准确传播企业定位概念。

六、市场行销组合

所谓市场行销组合（图 2-3），就是企业针对目标市场的需要，对自己可控制的营销因素的优化组合和综合运用，使之扬长避短，发挥优势，以取得更好的经济效益和社会效益。

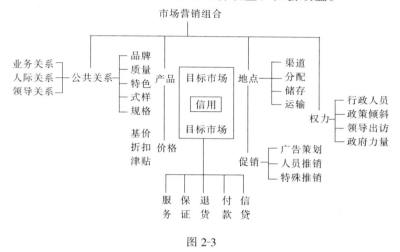

图 2-3

市场营销组合因素分类最早也是最常见的是 E·J 麦卡锡提出的方法，即把各种营销因素归纳为四大类：产品（Product）、价格（Price）、地点（Place）、促销（promotion）。因这四大类因素英文字首都是 P，故简称为 4P。所谓营销组合，就是 4P 的适当组合与搭配，从而贯彻整体营销思想。

随着目标市场竞争愈演愈烈，维持了 30 年的传统 4P 理论，有了新的发展。菲利普。科特勒提出一个新理论。他认为企业能够影响自己的营销环境，而不是单纯地顺从和适应环境，因此，营销组合 4P 应加上权力（Power）与公共关系（Public Relations）成为 6P，这就是说，要运用政治力量和公共关系的各种手段，打破国际或国内市场的贸易堡垒，为企业的市场营销开辟道路。

良好的市场营销组合需要建立在良好的信用基础上，这是体现现代营销观念一个重要特征。所以，我们应在市场营销组合中加上一个"信用中心"，使营销组合围绕着信用中心，展开市场，赢得信誉，赢得效益。这对于中国目前市场上普遍出现的信用危机具有重要而远大意义。

七、营销活动管理

（一）形成竞争性营销策略，确定市场竞争地位

在市场营销活动中，企业不仅要考虑顾客需要，也要考虑到企业在市场竞争中的地位，企业的营销战略和战术。必须从自身的竞争实力地位出发，并视发展实力不断地调整自身的竞争地位，这是一种"竞争性营销策略"。

市场竞争地位大约可分为四类：

市场主导者：在市场上占有最大份额并处于主导地位的企业，其竞争性营销策略的主要目标是努力维护自己的主导地位，保持自己的市场份额。

市场挑战者：在竞争中实力仅次于市场主导者，这类企业有实力不断地向市场主导者及其他势均力敌的竞争者发起挑战，极力争夺市场份额。

市场跟随者：在竞争中实力次于市场主导者并不准备进行挑战的企业，这类企业总是效仿竞争对手的产品、价格等营销策略，力图保持较稳定的市场占有率和利润率。

市场利基者：其营销策略是寻找主要竞争者所忽略的市场空隙，在空隙中求得生存和发展。市场虽然不大，但获利能力强。

（二）制定行销计划，使行销活动具体化

制定完整的行销计划书，是营销活动管理的一项重要工作，也是实施管理的依据。一份合格的行销计划书包括以下基本内容：

1. 公司概述：简介——公司介绍、使命及业绩；
2. 背景分析：市场——销售态势及竞争情况；
　　　　　　　消费者——以地理区域描出消费者轮廓；
　　　　　　　定价——公司及竞争者具体的定价；
　　　　　　　竞争者花费——在一定时期内媒体与推广的

花费；

其它资料。

3．品牌分析：

产品——配方说明、独特属性、大小种类以及质量。

制造——资本投资规模、工厂生产能力及采购问题。

其他资料。

4．机会与问题

机会——今后期间存在的销售潜力。

问题——可能危害计划成功之各因素。

5．策略与推广

目标——品牌销售目标。

文案——策划、步骤及制作。

媒体——媒体选择、日程安排和评估。

推广——培训及实施活动。

预算——执行营销计划所需投资费用。

6．测定及评估

预测行销计划利益及可能受到的影响。

(三) 实施和控制行销活动

实施过程要制定详尽的行动方案，建立合理有效的组织结构，设计相应的决策和报酬制度，开发并合理调配人力资源，建立良好的企业文化和管理风格。

控制过程要求建立营销控制系统，其中包括年度计划控制、成本控制和战略控制。应注意及时发现计划执行中存在的问题，诊断问题发生的原因，及时反馈给决策者和管理者，以采取适当的方法纠正错误。

第三节　广告策划在行销中的地位与作用

广告策划的前提是企业营销的现状及其目标。营销作为一个企业的基本活动，需要通过广告给予宣传和推广，使企业营销整体战略在市场竞争中体现出来，反映出企业形象和产品形象，获得消费者认可。因此,广告策划在营销中处于的地位,是服从于营销,并服务于营销。

先从服从于营销的角度看,不可否认,广告运动对于企业营销业绩的取得具有重要的作用。但我们不应把它抬到过高的地位。人们了解企业及其商品,并非完全依赖广告,营销企业营销业绩的因素也并非仅靠广告运动这一项。敞开企业不可控的外部大环境,就企业内部可控的营销因素来说,就包括产品、定价、促销、渠道等四个方面。它们的形形色色的组合方式又构成了企业变化多端的营销策略。市场营销便是企业在一定时期、针对一定目标市场、销售一定商品的平均营销策略的组合。广告只是促销手段之一,从属于促销策略。其从属关系可用图2-4表示:

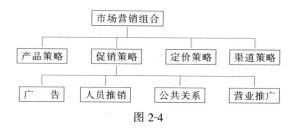

图 2-4

可见,广告并非孤立地发挥作用,而是服从于企业的营销目标。广告策划作为企业营销策划的重要组成部分,必须与企业营销策划的总体相适应,要服从于营销策划的整体性、协调性、多变性的要求。既要服从于市场营销目标的总体要求,又要处理好与市场、产品、价格、渠道等各项策略的关系。

再从服务于营销的角度看,广告策划在企业营销活动中,不只是被动地受营销活动的制约,而是通过广告手段,以塑造形象、诱导消费、激发欲望等表现形式,来为营销活动服务,具体表现在三个方面:

(一)体现市场定位意图

广告策划首先要清楚企业目标市场是什么,从而确定产品在市场上的位置。不同的产品,都有不同的市场位置,广告就是要创造一种情景,让人接纳产品的市场位置,使其深入人心,从而构成完整、美好的产品形象。但是，确定目标市场不是容易的，涉及许多因素，构成千变万化的细分市场。从地域分，有沿海内地、国内国外、城市农村；从时间分，有春夏秋冬；从人口分，有男女老幼、文化差异；从心理分，有性格情趣、风俗习惯、道德素质；从职业分，有蓝领白领。所有这些构成不同的需求特点，构成不同的目标市场，对产品的要求和期望，对广告的接受能力、理解能力、都存在差异。广告策划就是要表达这种差异，让人感受并采取行动。

(二) 体现产品定位意图

各种产品的属性是不同的，都有其个性和特色，广告策划就是通过广告手段来体现各种产品的差异性，突出中心，说服顾客，强化感情。

就不同的地域来说，广告策划应根据产品地域、属性确定宣传范围，应沿着产品前进的线路而展开。广告作为一种信息流、应跟物流、商流走，称之为"三流并行"。但从争取市场主动，先声夺人，实现战略意图出发，信息流应早于物流、商流。

就不同的产品来说，有些产品需要大作广告，不做难成气候，有些产品只需略做广告，多做反而成为无效投资，这就需要根据不同产品的属性加以确定。

就相同产品来说，广告策划必须根据产品的不同属性加以确定，以鲜明的特色，新颖的方式在同行竞争中确立产品地位。

就不同的时间来说，广告策划必须根据产品时间属性，确定宣传时间，在创牌高潮时可以多做广告，以争取广泛关心和支持。

(三) 体现价格定位意图

价格定位必须依据市场定位确定价格，广告策划根据其价格定位的物质意义和精神意义进行传播活动。引导消费趋势，满足精神要求。所以价格定位是广告策划成功与否的关键点。

价格定位意图主要表现在三方面：

实在价格意图：给消费者提供一种实际的比较，让消费者分析、比较、选择，广告可以一种实在的风格传递信息。

观念价格意图：定位的意图是让消费者形成新的价格概念，便宜不便宜，合算不合算，要从新的价格观念加以理解。通过广告策划以不同的类型宣传强调观念价格，使之理解、接受。

价值价格意图：定位主要依据产品的价格所代表的意义，象征身分、地位和职业，给人以想象，荣誉，从精神上得到满足。

以上所述广告策划的服务作用并不是一种被动的行为，它可以在体现市场定位、产品属性、价格定位的基础上发挥广告策划的主动性、创造性和进取性。以广告特有的宣传魅力，由此及彼，产生联想和好感，引起共鸣。使产品在市场竞争中充分被人认可。

综上所述，企业市场营销对广告策划起着决定作用，决定着广告策划的方向、方法、内容、外延；而广告策划则对于企业市场营销起着反作用，成为实现企业市场营销计划不可缺少的组成部分，具有先导作用、辅助作用和促进作用，这就是广告策划在企业市场营销中的地位和作用。

第三章 广告策划的基础定位

第一节 调查研究是广告策划的基础

广告策划的工作就是以何种广告运动促使顾客购买。即如何针对消费者的欲求和需要，通过系列广告活动把产品和劳务所能满足人们需要的特点，向消费者说明。

如果公司计划投入庞大的广告费，他们当然不愿冒险把钱投入哪些人们不会注意的商业活动中；同样也不会把钱花在那些人们不看的电视或杂志上。广告费是非常昂贵的。在《新民晚报》上登 4 个 1/4 版套色广告就需要 10 万。在上海电视台黄金时段播出一期广告一般就需要 50 万。如果人们根本不看，或看后不感兴趣，不喜欢，不相信，或是两分钟后就忘了，那就太冒险了。因此，需要以市场调查为基础，了解消费者的需要是什么，产品或劳务满足需要的功能如何，消费者是什么阶层，所有这些都应加以彻底研究。在今天瞬息万变、充满竞争的市场经济中，光凭直觉和猜想，去进行广告策划，那只是碰运气，最终往往要失败。

一、市场调查研究

通常决策层也很少能得到所有需要的信息来作出最佳决定，这就需要调查研究。市场调研即系统地收集、记录并分析资料，来帮助决策。它在确定消费需求，开发新产品、制定市场战略，以及评估经营计划的有效性和潜力方面，起着决定作用。

市场调查应尽量宽地涉及到那些会影响决策的方面。通过调查要了解大众是否知道我们的牌子；那些知道这一牌子的人对产品的印象是否好；我们的产品和竞争对手的产品被使用的频率如何（规则或不规则的）；哪些人用我们的产品，哪些人用对手的产品；不同人如何评估；何种人通过何种销售渠道购买；产品有哪些不同用途以及在哪些情况下使用。这些信息直接决定了决策的风险度。例如福特公司曾经因忽视市场调查研究，盲目决策而损失了 250 000 000 美元，成为历史上经营失败的典型例子。

随着企业经营风险性的增加，他们越来越依赖各种信息。这就需要我们有眼光投入更多的经费来用于市场、广告和公众意愿等方面的调研。

（一）调查内容

为适应广告策划的需要，市场调研的内容应包括如下几方面：

1. 商品研究：即寻找广告策划商品的真正魅力。通过与竞争产品的比较和自身产品特色的研究，找出其独有的、并具诱惑的真正魅力所在，这种魅力就是广告策划的诉求点。

2. 消费者调查：即为了寻求广告的诉求对象，对购买人进行调查以期更加迎合消费者观念。现代经济社会中，产品的流通是经过设计、生产、销售，最终到达消费者的过程。由此，从产品设计到消费者之间有段距离，需要借助消费者研究，才能真正达到满足消费者的需求。

3. 市场分析：即谁是产品的顾客，可能购买的顾主有多少？何处购买？何时购买？以及竞争情况如何等等，这些都要进行市场调查并加以分析确定。

4. 广告预算设定：即为了实现销售目标，应投入多少广告费才能达成预期效果？有无更经济的广告预算？因此必须对广告策划的经费使用加以确定。

（二）调查的基本步骤

广告策划所进行的前期调查研究同一般市场调查既有共同点，又因其特殊目的，使这种调查带来某些特点，其基本步骤是：

1. 明确问题和调查对象

市场调查的第一步是"明确问题和调查对象"。明确问题和确定研究对象就是探测企业本身在市场运营上的症结，针对其症结探寻正确答案，谋求新的发展。所以要使调查获得正确结果，就必须先确定问题症结所在，这是最困难、最费时间的任务。但如果对象明确，花些时间还是值得的。一旦问题确定错了，即使再周密的调查也是浪费。这就是所谓的调查企划确定。在任何调查项目的开始，应简要的把要调查的问题与目的写下来。它包括三要素：

（1）收集的资料必须有针对性和可衡量性。

（2）所需的资料必须与存在的问题直接有关。

（3）各种资料之间必须是有关系的。

2．前期调查

调查的第二步是通过各种信息源，了解现有资料。前期调查的目的是更多了解市场、竞争情况、经营环境，并在正式调查前明确问题。它包括与公司内部信息部门讨论；与总代理、批发商、零售商商谈；与顾客、甚至竞争对手谈话。这些访谈目的并不在于收集什么信息，而是从这些人处了解他们知道些什么，因为他们比普通人知道的多。因此，前期设想的两个主要任务就是分析内部资料和了解公司外的二手资料。

（1）充分利用内部资料

公司的记录是非常有用的信息源。那些对市场有帮助的资料包括：货运记录、担保卡记录、广告费用、销售成本、顾客反馈和销售人员会议记录等等。从这些资料中都能反映公司面临的问题和存在的优势。

（2）收集二手资料

二手资料是指通常由别的组织为了其他目的，已收集或刊登出来的资料，只要调查者知道如何找，他们常常可免费得到。一般最常用的二手资料包括：图书馆参考资料、政府出版物、贸易组织的出版物、研究组织出版物、计算机数据库。但是这些二手资料也存在某些问题：

1）资料可能是过时的。

2）它也许和手头的问题毫不相干。
3）根据资料的来源看可能有些不可信。
4）对于研究的问题，有些资料涉及的范围过大。
通过前期调查，初步可以确认问题的所在，并找到答案。

3．主要调查

(1) 调查的基本方法

一旦前期调查完成以后，发现还需要直接来自市场的信息，以便更准确地解决问题，这时，便需要进行正式调查，以获取直接信息。获取直接信息主要有三种基本方法：观察法、实验法和询问调查。

观察

观察就是直接了解掌握被调查者的行为方式。例如，户外广告的交通情况调查，电视收视率调查，顾客对超市中产品反映的个人调查等等。

这里值得提一下的条形码的运用对观察法极有帮助。它包括一组线条和十位数字，代表产品和价格。在光学扫描器的帮助下，超市通过计算机知道，哪些商品已卖出去了。这一标签不仅有助于定期的存货管理，更能进行不同市场计划，传媒工具和具有潜力的策划的评价。

实验

实验用来衡量因果间的关系。它是一种科学的调查，其中研究者改变被实验群体的刺激因素，其结果用来与那些未接受改变因素的群体相比较。这类研究主要用于对某一地区新产品的市场试验，以及在广告运动推广到全国以前对其测试。例如，可在某一地区搞新的广告活动，而另一地区没有，拿两者的结果作比较，得出这一广告的有效性。因此，导致结果的各种可能性因素要能精确地把握，并严格控制。但是要控制所有的可能性因素十分困难。

询问调查

询问调查是收集资料最常用的手段，一般调查对象主要是：内部人员的观点或意见；通过询问现在的或预期的顾客，希望得到有关态度、观点或动机的信息。这是调查的关键。询问调查通常有三种方式：电话、通信和个人访谈，它们都有各自的优点和缺点（相互比较，如表3-1所示）。因此，在进行调查时要根据不同对象选择不同方式，以求获取真实的信息。

询问调查方法比较　　　　　　表3-1

	个人访谈	电话	通信
成本	高	中	低
时间	中	低	高
一定预算下的规模	小	中	大
回馈质量	高	中	低
涉及非常分散的对象	否	也许	是
对象偏见程度	高	中	无
工作人员是否需要训练	是	是	否

（2）调查可信度分析

市场调查人员运用这三种方法可以得到确定的数据，来完整精确地衡量某一市场情况。若要调查获得好的结果，需要正规的设计和严格的标准来收集资料并制表，尽量减少不精确性，为今后决策提供可靠的资料。

假如，某一市场有10000名顾客，你要了解他们对一种新玩具的态度，你走进一家饭店，给5个人看了玩具的样品，有4个人说喜欢。如果你因此把产品推广到整个市场，预言在80%的人会喜欢。这试验可信吗？恐怕难以令人相信。可信的调查，其结果应反映市场的真实情况。

进一步说，如果你对饭店中其他5个人重复这一调查，也许会得到完全不同的结果。再试，也许还有第三种结果。如果是这样，同样说明调查缺乏可信性。可信的调查，是可重复的，并且每次的结果都差不多。

可信的调查具有科学性。其中最重要是抽样的方法、调查表的设计和资料的收集与分析。

抽查理论

公司想知道顾客如何看待它的产品和企业，它不可能问每一个人，那太费钱、费时。最重要的是，调查结果要能够精确地反应整体、整个目标顾客群。因此，调查者挑选一部分人，作为整体的缩影，这就是抽样。在抽样之前，必须决定几个基本问题：

1. 调查对象是谁？
2. 调查多少人？
3. 如何选择得到的反馈？

只有抽样真实地反映整体特点，它才具有代表性。显而易见，如果我们调查一个不参加选举的人，就得不到代表选举者的结果，所以抽样个体即调查谁，必须准确，只有这样才能具有现实意义。

抽样理论来自于数学的机率理论。要达到令人满意的精确性和稳定性须有足够的抽查规模。如果应用的方法正确，得到可信的结论只需抽查整体的1%。常用的抽查方法为随机概率抽查和非概率抽查。

概率抽查给予每一个对象平等的可能性。例如，调查者想要了解一个社区对某一事件的看法，以这一社区的全体成员为一整体。随机地挑选社区各类成员，组成无偏见的抽查对象，能得到最精确的结果。这种方法也存在许多实际困难，这需要对每一个人了解，列表并编号，使每个人都有平等的机会，但这样做极其复杂，有时甚至不可能。特别是对全国销售的产品。

非概率抽查并未提供整体中的每一个人以平等的机会。这意味着，抽样的代表性得不到保证。因此，调查者对反馈的可信度不如概率抽查。然而，非概率抽查被广泛应用，因为它只需较少的费用和时间，而且随机抽查通常不可能办到。当只需大概的资料或作为充实资料时，非概率抽查非常有效。大多数广告和市场研究都用这一方法。例如，运用非概率抽查访问购物中心内的消费者，能有效地了解顾客的消费偏好和对公司形象的看法。

调查表设计

好的调查表需要有专门知识才能设计出来。许多调查中的偏见都因为调查表设计不好。经常出现的典型问题包括：错误的问题、问题太多、问题形式不妥，这些都会造成应答者难以回答，或难以列表归纳。例如，"您用哪种肥皂?"这一简单的问题回答者会弄不懂"哪种肥皂"是指什么。是香皂？还是洗衣皂？是指牌子，还是指用途？要精确回答这一问题虽然难以办到。应答者回答了问题，调查者又会弄不懂这些回答指什么，很可能得出不正确的结论。有效的问题有三个重要特征：

1．有重点；
2．简明扼要；
3．精确清楚。

它直接针对问题或调查的标题进行调查，尽可能加以明确的表达。以下是在典型调查表中几种不同的问题：

1．从现在起到星期天，你会去任何一家一百集团的商店吗？
（1）是　　　（2）否（如果否，看第5题）

2．您去一百集团的商店是专门去买东西，还是随便逛逛？
（1）买东西（继续）　　（2）否（看第5题）

3．在一百集团的广告宣传中，有你想买的东西吗？
（1）是（继续）　　（2）否（看第5题）

4．您在哪儿看到的？
（1）在夹在报纸中的广告传单上　……………
（2）在信箱中的广告传单上　……………
（3）报纸上　……………
（4）电视上　……………
（5）其他地方（请指明）　……………

5．请按下表的特征评价一百集团的广告传单。请在您认为最能反映您观点的位置上打"√"。

昂　　贵								便　　宜
吸引力强								吸引力弱
放　　心								不放心
	1	2	3	4	5	6	7	

6. 请标出您认为一百集团的广告最能吸引哪一类人?

年轻人	——	重视质量的人
爱买便宜货的人	——	低收入的人
保守的人	——	老人
追求时髦的人	——	中等收入者
富人	——	蓝领
专业人员	——	妇女
高收入者	——	办公人员
男人	——	其他
像我一样的人	——	职业妇女

另外,问同一问题可以用许多方法。假设你正为一百集团公司的广告作调查,可用下面四种不同的问法,见表3-2。

问同一问题的不同方法　　　表3-2

种类	一　百　集　团
直接提问	你如何描述一百集团的广告?
是非题	你认为一百集团的广告有吸引力吗? 有_____ 无_____
多项选择题	以下哪一项最符合你对一百集团的广告的观点? 现代_____ 出色_____ 可信_____ 不可信_____ 老式的_____
等级评定题	请标明你对一百集团广告质量的评价 1　2　3　4　5　6　7 __ __ __ __ __ __ __ 出色的　　　　　　　差的

从这四种不同的问法中,我们都可以获得关于公司广告质量的回馈。总之,问题的反馈要精确,并有助于调查者。因此,所有调查表最好能在小范围先试验调查一下,以避免任何混淆、偏

见或模棱两可带入问卷。

二、资料收集与分析

所有资料收集完成后,必须证实、编辑,并制成表格。同时针对回答的问题进行检查,以消除错误和前后不一致。例如,一个人回答"两年",而另一个说"24个月"。这必须转换成同一单位以利于制表。某些有明显误解答题的调查表应予剔除。最后,资料要统计,并概括总结。对小规模的研究,可人工制表。但如今,大多数研究项目都应用复杂的资料处理系统,来统计答案,并产生各种各样的统计表,调查者需凭经验和想象,挑选哪些有用的表格。

市场调查程序如图3-1所示。

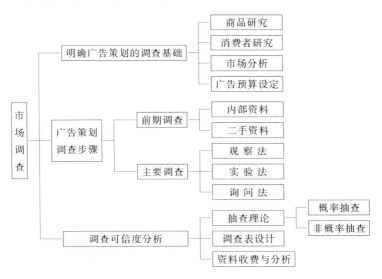

图3-1 市场调查程序图

第二节 确认消费者市场和企业竞争地位

市场调查的目的是给产品市场定位,根据市场需求展现广告策划的真正魅力,这就需要研究和分析消费者需求,通过对消费者心理行为的调查研究,确定消费市场。同时及时地了解和分析市场竞争对手,确保企业竞争优势。所以,市场调研的重点在于消费心理行为和竞争对手。

一、确认消费者市场

(一)消费者市场的影响因素

消费行为是消费者表现在寻求购买、使用以及评估他们期望满足其需要的产品、劳务或构想的行为。显然广告策划需要知道产品现在或潜在使用者的行为,如买什么?怎样买?次数多少?感觉如何?

任何市场上,有两种类型的购买者:个人购买和机构购买。不管是个人还是机构,其购买行为仍然是人,在决策过程中离不开他们的心理活动,而心理活动又是受各种影响因素所支配的。因此,广告策划应尽量了解哪些影响因素及其对广告策划成败的影响。这是非常困难的事情,但这是广告策划者的基本任务。一般情况下,对消费者购买行为的影响可分为内在因素和外在因素。

1. 内在因素

内在因素主要指个人需求和个性心理特性(或个人因素)

(1) 需求

人们的行为是由需要引起的,并由需要激发动机,产生行为。在这一直接原动力驱动下,通过目标行为的实现得到满足。马斯洛的"需要层级理论"把人类的需要依强度不同分为五个层级:生理需要(Physiological)、安全需要(Safety)、社交需要(Love)、受尊重需要(Esteem)、自我实现需要(Selfactualization),如图 3-2 所示。

虽然,每一个人对其特定需要都有不同的满足要求,并以不同速度演进,产生更多更高层次的需求,由此,广告策划要以发展的形态,适合消费者不断发展的需要。

(2) 个人因素

这里的个人因素主要是指年龄、性别、职业、经济状况、个性、生活方式等。

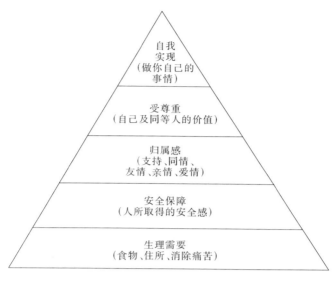

图 3-2

个性是导致一个人对其客观环境作为一定持久反应的明显心理特征,有自信和自卑、有冲动和谨慎、有外向和内向、有倔强和顺从、有独立和依赖等种种不同。广告策划可以将消费者的个性特征作为设计品牌形象和实施推销策略的依据。

其类型可分为:1. 习惯型;

2. 理智型;

3. 经济型;

4. 冲动型;

5. 感情型;

6. 不定型。

年龄

随着年龄的不断增长,人们的消费行为会不断地改变其内容和价值取向,从冲动逐步转向理智。不易受到广告的影响。

性别

男女购买行为有着明显差异色彩。男性注重名牌,作为身分的象征和质量保证;女性注重外观所代表的感情色彩。从广告影响程度来讲，女性比起男性更容易被打动。

2. 外在因素

外在因素主要包括文化、次文化、社会阶层、社会团体、家庭及个人的影响等因素组成，这些影响因素不是同一层次的，它们构成了一系列同心圆，越远越具有全面影响，越近则越涉及个人本质，如图3-3所示。

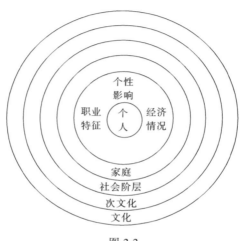

图 3-3

（1）文化

文化是在一定的物质社会历史传统基础上形成的特定的价值观念、信仰、思维方式、习俗的综合体。它是一个广泛而总括的框架，我们的许多构想和行动都受其影响和控制。

文化渗透在人们的观念，行为和思维方式中，进而影响到人们的消费内容、消费观念和消费倾向。广告策划必须注重文化背景的调查，迎合文化消费倾向。

（2）次文化

每一个文化群中往往还包含一些较小的次文化，它们在整体文化中形成自己独具的特色，并以特定的认同感和社会影响力将成员联系到一起。这些次文化通常是指种族、宗教或国民性。

（3）社会阶层

所谓社会阶层,是因社会的生活和价值形态的差异,从而形成具有相对相同的社会地位,相似的价值观念和生活方式的人群,即阶层圈。例如,对于商品品牌、娱乐方式、穿着爱好、报刊杂志、电视节目等有着一定共同之处,这对于广告策划具有重要的导向作用。现代社会中阶层的划分是根据人的财力、社会威望、教育程度、价值观为依据的。

社会阶层分层理论,又称金字塔分层理论,如图3-4所示。

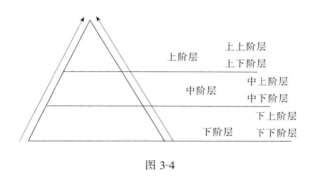

图 3-4

这一理论是相对的,不同的国家或地区各有不同的标准和不同比例。一般来说,越是发达国家标准较高,越不发达国家标准较低。比例分配构成大约是:上阶层人数占 2%~5%;中阶层为 20%~30%;下阶层为 78%~65%。

(4)社会群体

在整个社会中有各种不同的群体,人们在其中互动,形成对一个人购买或选择商品的动力或压力。他希望通过与群体的赞同来提高自我形象,这就是说,一个人在群体影响下做出购买决策。这种购买行为具有顺从意识,对广告策划能够提供有效的信息线索。

(5)家庭

家庭是对消费者购买行为最具影响力的特殊因素,许多人格特性(爱好、习惯)都是从家庭影响发展而来的,所以通过家庭影响进行广告策划具有特别的意义。

同时,家庭又是一个整体消费单位,在消费过程中形成家庭生命周期,历经诞生、发展、成长、成熟、衰退周期,考虑家庭影响这一因素可以使广告策划,更具针对性,帮助策划人员选择什么信息最有效。

(6) 亲身影响

亲身影响主要是指消费者个人的个性影响、职业特征、经济状况影响,消费者购买行为直接受到个性职业和经济状况的限制和制约。广告策划要有区别地针对不同职业特征提供有效信息,并根据不同的经济收入层次,确定消费对象。

(二) 确认消费者市场

现在我们知道消费者的购买行为是社会文化、个人、心理等众多因素综合作用的结果,极为复杂。了解这些,能够帮助我们把握消费者的需求,识别出可能对产品和服务感兴趣的潜在顾客。

那么,如何把握消费需求,识别潜在顾客呢?这就需要进行组合消费者,使广告策划有一目标市场。一般情况有两种:

1. 市场集合,某一特定产品或劳务在消费者市场具有普通性,虽然不可能全体会买,但通过广告策划和促销活动能够足够地吸引许多人,使产品销售成功。

2. 市场区隔,就是在整个市场中划分出最有购买潜力的某一区隔,进行目标更为明确的广告策划。目前较为流行的方法是VALS区划。

该方法首先由美国 SRI 国际公司提出并发展形成,即价值观与生活形态系统区划(Values and Lifestyle System)。该方法以消费者的生活形态与价值观把消费者归类为二个主群体和十个子群体:

1.

2.

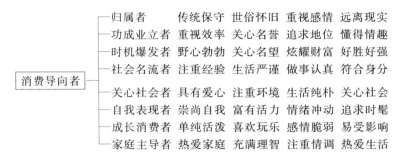

二、竞争者分析

在市场调研中不但要了解消费行为，研究目标市场的需求，而且要了解竞争者。知彼知己，百战不殆，从而能够更好地确认竞争地位。因此，广告策划要准确分析竞争者，掌握竞争者动向。次序如图 3-5 所示：

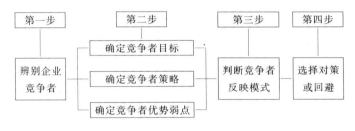

图 3-5

（一）辨别竞争者

企业竞争者一般是指那些提供类似产品和服务，并具有相似价格和相似目标顾客的企业。但实际情况是复杂的，企业的现实和潜在竞争者很广泛，有时潜在的竞争者可能更危险。根据竞争者的特点，可分为四种类型。

主要竞争者　是指处于同一级别，提供相似产品、服务、价格、供应相同顾客的企业。

同行竞争者　是指不管行业大小，将所有提供同类产品的企业都视为竞争者。

外延竞争者　是指不仅所有同业界作为竞争者，而且以同业外延相关产品视为竞争者。

(二) 了解竞争者

1. 确定竞争者的目标

竞争者追求的目标是什么？动力是什么？尤其是每个竞争者的重点目标是什么？因为每个竞争者都有不同的重点目标，如获利能力、市场占有率、现金流量、技术领先和服务领先等。因此，只有通过调查才能正确了解竞争者的重点目标，估计竞争者对不同竞争行为的如何反应。另外应不断监视竞争者行为，及时地进行动向分析。

2. 确认竞争者策略

主要竞争对手在市场上的主要策略方针。由于不同竞争者层次不同，其策略也会不同，所以根据竞争层次可以把竞争者划分为不同的策略群，如美国通用电气公司、惠普公司、施乐公司，实施中等价格策略，可视为同一策略群。

确认策略群的目的是分析如何进入策略群，其难易程度多少，一般来说，小型企业较易进入低投资和低声誉的策略群。实力企业则可考虑进入规模大、影响大的策略群。

3. 了解竞争者的优势及弱点

确认竞争对手的优势是什么？表现力和吸引力在何处以及薄弱环节何在？为此，需要搜集过去和现在的情报和数据，如销售额、市场占有率、提高收益率、边际利润、现金流量、发展战略等。同时需要对中间商和顾客进行调查，通过比较深知自身和竞争者在竞争地位上的优劣，注意和发现竞争者对市场判断的失误及错误观念，出其不意、攻其不备。

(三) 判断竞争者的反应模式

选择对策——进攻或回避

企业在辨明和了解了竞争对手的基础上，就可选择对策，进攻谁，回避谁？进攻时必须讲究策略，是进攻弱者呢，还是挑战强者？是摧毁性打击呢，还是赢得优势即可？在行动展开过程中，竞争者会有不同的反应模式。有意识不强、行动迟缓者；有缺乏资金无法反应者；有敏感度高反应强烈者；有实力不强，回避三舍者。这时应根据不同的反应模式，决定我们的行动。充分利用已掌握的对手资料参与竞争，根据不同的情况灵活地调整各种对策，或是敌变我变，或是敌变我不变，或是敌不变我变。总之，企业不管采取何种应变策略，只要胜利就是成功。但是竞争中有一特性必须给予考虑，即企业之间德竞争具有互动效应，在你来我往的过程中，使竞争变得复杂。

通过竞争者得分析，企业应根据这一分析的态势来确定自身在目标市场中处于什么样的地位，然后，选择适当的策略，参与竞争、挑战未来，通过各种手段，确定或重新确立自身在目标市场中的地位或新地位。

第三节 广 告 计 划

广告计划是根据市场计划的要求和制约条件制订出来的。事实上它们的准备过程也一样。公司同样要经过市场分析，确定目标、制订广告战略。从而形成广告计划。它是一种蓝图，它应一切决策可通过合理而有效的程序来完成，以至在执行过程中不致有显著失误。

一、市场计划回顾

市场计划是广告计划的基础，制订广告计划首先要理解市场计划的目标和如何达到这一目标，以及广告在其中扮演的角色。因此，制订广告计划的第一步是回顾市场计划，然后从广告的角度重新对市场进行再分析。

（一）回顾和总结

回顾和总结，就是认清形势摆正位置，寻找机遇，谋求更大突破。其主要内容有：

1．企业历史概要；

2．产品或品牌的历史背景；

3．品牌目前面临的问题和机会。

（二）产品评估

产品评估，就是对本企业产品的各要素较之竞争者处于什么位置，诸如产品性能、价格、特点、质量、声誉、包装等。

(三) 消费者评估

对消费者特点和心理进行分析，了解现在消费者在想什么，想要什么，使广告策划有的放矢。从人口统计项目分析，有职业、婚姻状况、种族、教育、年龄、家庭收入、子女、社会阶层、区域类型。从心理和行为分析，有价值观、生活形态、对产品的态度、对产品的使用状态、对产品的认知、潜在的顾客。

(四) 竞争分析

竞争分析的实质是对竞争对手进行了解分析，弄清其在作什么，可能作什么，使广告策划掌握竞争先机，一般内容有：

1. 市场占有率；
2. 促销活动状态；
3. 广告角色如何；
4. 消费者对竞争者的形象认知如何；
5. 竞争者竞争地位如何。

二、确定广告目标

一旦确定市场目标和战略，就应确定广告的任务目标。可惜的是，有些公司经理对广告的特殊任务，几乎没有清晰的概念。他们习惯于用含糊的语言表达广告的目标，如"保持我们品牌领先"，或"为销售提供弹药"，"创造产品良好形象，以增加销售，提高利润"。这些空洞的语言所表述的广告目的导致对广告的实际效果得不到衡量。更有甚者这种含糊更支持了许多经理的一种错误观点：广告就是浪费钱。

广告目标需要特别确定，但如何确定广告目标不是一件简单的事情。因为其中要充分考虑如何使顾客理解广告所要表达的内容并导致购买行为。所以，应考虑广告对购买行为的两种作用。

1. 即时行为。广告旨在引导目标顾客马上行动，也就是立即向厂房寄订货单或打电话。当然，立即产生影响的只占一小部分。

2. 延迟行为广告。通常在顾客被劝说前，要完成非常重要的步骤。所以必须在一段时间内劝说和提醒顾客关于公司、产品、服务及其他信息。这是零售商、厂方、银行、保险公司、服务业和社团常用的方法。

所以，广告产生作用，达到目标，有不同层次。消费者从认知到行动的不同构成一个广告目标金字塔。

广告目标金字塔：

把确定广告目标看作一座金字塔，金字塔的每一层都是一个具体目标。

（1）基础层，即金字塔第一层亦即最低层。一个新产品在推广前，未来顾客完全不知道它的存在。广告的第一个任务就是建立金字塔的基础——使一部分人认识产品。

（2）理解层，金字塔第二层，即增进理解——向公众传递足够的信息，使基础层的一部分受者不仅知道这一产品，还知道它的作用、特点。

（3）确认层，金字塔的第三层。广告要传递更多关于产品及特点的信息，使一部分人最终相信它的价值。

（4）需要层，金字塔第四层。在确认的人中，有一些人会进入上一层，对广告诉求的产品产生需求。最后，在前几步完成后，在想获得产品的人中，有一部分人到达金字塔的顶端。

（5）行为层，金字塔第五层：最终购买产品。

例如，美国"锐步"新产品第一年的广告目标：

（1）对两千万年龄在 15～49 岁，愿花平均 45 美元购买一双休闲运动鞋的妇女中的 20%，让她们知道这种鞋的存在。

（2）使"初识"人群中的 50%，知道"锐步"鞋是高品质，中价位，有舒适的皮面鞋帮，能配各种衣服，并可在指定商店买到。

（3）使"认识"人群中的 50% 确信，"锐步"的确高质量、舒适、时髦、且价格公道。

（4）激起"确信"层中 50% 的人，想要试一试。

（5）使"需要"层中的 50%，最终去当地的商店试穿。

这里要注意的是，这些广告目标象市场目标一样，确定了时间、程度，并用数量表示。也就说，在第一年年末，可进行消费者态度的研究，以确定多少人知道"锐步"鞋；多少人了解它；多少人知道它的主要特点，等等。如果这些能用数据衡量，那广告的效果也可衡量。

如果"锐步"假设的广告目标都达到了，假设试穿的人都购买了，那么，"锐步"将在第一年末赢得目标妇女休闲鞋市场的1.25%（或1125万美元）。

第二年计划可提高知道这一产品妇女的比例，如35%。然后，重点放在使更多人信任产品，并最终去试一下。有时使用某些促销手段也可加速这一过程，如试穿或赠送，使完全不知道这一产品的人，第二天就变为用户，但这很费钱。我们许多制造商可以用优惠券或其它促销手段加速广告的结果。

广告目标金字塔的形状可因满意顾客人数的增加而发生改变：

一旦一部分人购买了，须可引入一个新的广告目标，促进产品的再使用，当越来越多的人购买，并再一次购买，我们的金字塔模型将改变。在旧金字塔顶端将建立一个新的倒金字塔，表示更多人进入"行为层"，并形成重复购买行为。

倒金字塔是建立在顾客满意基础上的。满意度越高，人们听别人夸得越多，倒金字塔的增长就越快。这时，常运用"加强广告"，提醒受众人们对产品感到满意的经历，并建议重复使用。

这些模式和理论在实际中的问题是，人们会把复杂的顾客行为想得过于简单：仅考虑如何发生交流，怎样取得顾客认识，如何激发需要，如何最终发生购买行为。往往对下列问题没有兴趣以至忽视，如改变顾客喜好和品味的动力，不同类型产品的特点研究，竞争行为分析，以及广告外那些不可量化的内外部促进因素。对这些重要因素的重视或轻视都可以使人们在金字塔的任一层连续地进入或离开市场。

三、广告策略

在讨论市场计划时，我们知道市场策略是为了实现市场目标。同样，广告目标必须由一系列广告策略来实现。关于广告策略的形成与实施，应把握策略综合元素的组合，这些元素有：

1. 目标受众；
2. 产品定位；

3. 创意制作；

4. 交流媒介。

（一）目标受众

目标受众，是广告信息要传达到人。

在决定目标顾客时，重要的是不仅要考虑最终使用者，还要考虑观念领导者谁作决定和谁影响决定。例如，孩子会对全家去哪儿吃饭有很大影响。因此，可以把孩子也作为目标受众，并在针对他们的活动中投入大量广告费，展开广告宣传活动。

（二）产品意念

产品在消费者眼中表现的价值，就是产品观念或产品意念。桑塔纳和夏利轿车，是针对中国轿车市场推出的一般汽车。但两者观念不同。大众所持观念是安全、可靠、舒适；夏利所持观念是实惠、简单、容易拥有。

在广告策划计划中，应简单准确描述产品意念，为广告将如何表现产品提供指导。因此，广告人必须先考虑与产品相关的产品策略。产品在市场中如何定位？产品与竞争者有何不同？不同在价格还是质量？这一产品使用在生活的哪一方面？产品被如何分类、包装和命名？这些都影响产品观念。

如"锐步"的产品观念是有令人自豪的特点，透气网眼和内防水罩。从经营观念上讲，"锐步"是优秀传统的现代表现，可靠、美观、舒适、活力，强调式样、感情，提倡生活不是旁观者的运动。

（三）创意制作

如何完成产品观念这是创意制作应完成的任务。创意过程一般分成二大类，一类是购买行为较为慎重、理智的产品观念表达，一类是购买行为较为普通的产品观念表达。前者牵连到的事项较多、较复杂，如购买汽车、房产等，这类创意的目的是引导信任；后者一般牵涉事情较少。较为简单，行为易感情化，比如衣服、肥皂等，此类创意可以强化、诱发购买动机，使之更快达到行为层。就二大类创意来说，其内容一般有：

1. 印刷媒体之布局与文案；

2. 广播剧本；
3. 电视故事版；
4. 广告语及美工表现；
5. 包装设计；
6. 宣传小册子设计；
7. 户外广告牌设计；
8. 广告特制品。

（四）传媒

传媒即传播媒介或称媒体，是指可用来传达广告信息的各种方法和工具。它包括传统的传媒，如广播、电视、报纸、杂志或广告牌，还包括现在直邮广告、有线电视、电脑网络和某些促销方法，如样品包、优惠券或贸易展览。

在媒体运用中，主要要解决和把握好二个问题：

1. 媒体分析与选择，即分析各类媒体运用中存在的限制和问题，选择有效媒体，对问题的主要方面设法加以克服，使广告信息更有效地传播给顾客。

2. 讲究媒体策略，即如何使用媒体以达到广告策划之目的，包括媒体种类选择、预算、分配，使用媒体单位大小之规格、目标市场到达率与暴露频次之确定，媒体日程安排等。

四、广告计划评估

广告计划评估是评价、预算在执行过程中能够获得何种效果。广告是市场预算中开支最大的项目，其有效性极为重要。公司不能也不应停止做广告，但他们应知道做了广告以后能得到什么。在这里，实验调查是常用的有效手段。

实验有事前实验和事后实验

事前实验有助于提炼、形成最有价值的广告主题，它能帮助广告人发现并去除广告内容中的传播隔阂和缺陷；事后调查是在广告实际播出以后确定广告的有效性，得到的结果可为今后的广告提供有益的指导。事前、事后实验中能衡量的部分主要包括市场动机、广告主题、传媒、预算和时间安排。不管是事前、事后调查，其目的是进行评价不是要改变而是了解发生了什么。

第四章 广告主题表现策划

第一节 广告主题内涵

紧紧把握广告主题,这是广告策划中的关键的环节。一场针对性的广告运动,首先要有内涵深刻的且有吸引力的主题思想,然后通过创意策划具体地表现出来,进行形象化传播,一切成功的广告策划都在于成功的主题。

一、广告主题

何谓广告主题?广告主题是贯穿于广告运动的中心思想。这一思想是广告表现形式内在根据。良好的主题会使受众产生强烈的共鸣,从而使之产生感情和理性上的认同。

好的主题需要挖掘提炼,而挖掘提炼是一个在调查基础上进行分析的过程。广告主题的发现与形成应有深刻、丰富的内涵并保持较强的吸引力。能引起顾客的消费行为。

判断广告主题的吸引力有一可靠的参考点,这就是广告和消费者需求之间的联系。如果广告向消费者传达利益(物质利益、精神利益)的保证(直接或非直接并不那么重要),但它越能保证消费者需求并达到最大满意度,广告主题便是合适的,如果主题既能达到消费者的满意度,又能保证消费者的实际利益,那么,这一主题就是良好的。

广告策划切忌导致整个广告运动出现多个主题,以致目标不明,中心不突出,影响有效性。切忌概念模棱两可或矛盾,使顾客对广告的可信度受到损失,从而失去广告应有的效果。

二、广告主题三要素

提炼或确立广告主题应充分考虑三个要素,即广告目标、信息个性和消费心理可用公式表示:广告主题确立 = 广告目标 + 信息个性 + 消费心理。

所谓广告目标,就是确定广告所针对的目标市场或目标顾客及其所要达到的市场指标。它依据企业营销组合的整体要求而确定。所以,广告主题必须符合和体现这一广告目标,否则,就是无的放矢,达不到广告的预期效果。

信息个性,就是指产品或服务的广告意念(产品信息)要别具一格,与其它同类产品或服务比较,有其明显特色,显示它的最有魅力之处,以吸引广泛注意。信息个性往往是广告诉求的重点,这是表现广告主题的中心所在。

再要考虑的因素是消费心理。广告目标和信息个性不仅要符合消费者心理还要正确引导消费行为,使消费者产生好感兴趣和偏爱,心动而后行动。违反消费心理所确立的主题,将会导致广告策划失败。

广告主题三要素构成一个有机的整体,围绕主题,相互渗透、不可分割,如图4-1所示。

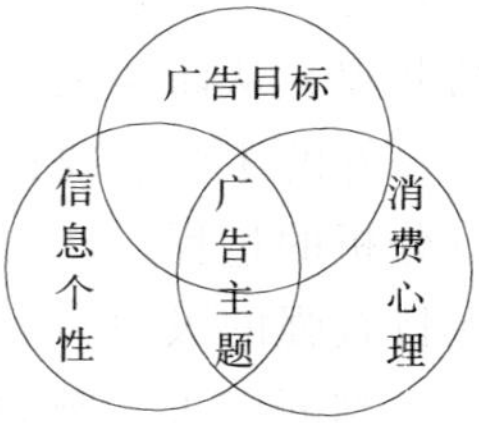

广告目标是确立广告主题的基础和依据,离开广告目标,广告主题就失去前提和方向无从确立,信息个性是广告主题独有风格的具体体现。离开信息个性,广告主题就失去了应有的魅力。消费心理是广告主题的活力所在,离开消费心理,广告主题就缺乏针对性。可见,良好的广告主题,应该是广告目标、信息个性和消费心理三要素的和谐统一。

图 4-1

这种统一使广告主题具有强烈的震撼力和吸引力,引起消费者共鸣。但是广告主题随着时间和形势的变化,其魅力也会减弱,甚至消失。这说明广告主题三要素也应随之改变。因此,把握广告主题不仅是分析广告主题三要素及相互关系,而且要及时地注视广告主题三要素的变化程度,这是广告主题能否保持永恒吸引力的关键。广告主题来源于三要素组合，又发展于三要素的变化。在这变化中，要有市场先见性，根据情况，适时地调整广告主题，即"重置广告主题"。重置广告主题是主题策划中极其重要的一环。随着信息社会变化的加快，这一环节显得越来越重要。所以，广告策划者必须具有驾驭这种变动的能力，使广告主题始终保持领先，具有感召力。

第二节　广告创意革命

广告创意，是表现广告主题创造性的构思活动。这种构思活动是运用艺术手段来突出反映主题表现的境界，从而起到传递商业信息和引起感情共鸣的艺术效果。广告一旦主题明确，但如果缺乏表现主题的创意，广告就会平淡无味，不能引人入胜，为人注目，效果就会黯然失色。如果创意偏离主题，过分追求新异，广告就会出现表达不明，从而干扰和转移广告主题，让人茫然，无从理解。效果同样会削弱许多。

那么，如何来形成或进行广告创意呢？这就是广告创意革命要回答的问题。

广告创意革命要解决两大中心问题：

一是想要表现什么；

二是如何表达；

具体的做法包括三个方面：

一、确立主题大纲

在确定主题策略时，广告创意革命要制定主题大纲，为制作广告提供创意指导。它是广告运动中重要的书面材料。

1. 谁是产品的目标顾客？其特征如何？在人口统计、心理因素和行为特点方面能否被精确定义？

2. 要吸引顾客的哪些需要？是理性还是感情？前一种是顾客实际的、功能方面的需要。后一种是与消费者的心理、社会和象征性地位有关的需要。

3. 找出符合顾客需要的产品特征。即产品宣传有些什么支持？产品定位如何？能创造或已经产生了什么样的个性和形象？

4. 广告中应用哪种风格、方法来处理？即应以什么样的艺术基调、风格，以什么样的表现手法来烘托广告主题，做到恰到好处，富有磁场效应。

这些问题的答案构成了主题大纲。完成主题大纲后，应再次检查它是否符合标准。如果不行，则应重来。这一标准就是广告吸引的选择，如表4-1所示。

广告吸引的选择　　　　　　　　　表 4-1

爱好	同情心	新奇性
口味	奉献心	优待
健康	内疚情	休息好
恐惧	身分地位	使用经济
幽默	家庭舒适	购买经济
安全		操作或作用效率高
清洁	娱乐的乐趣	使用可靠
性吸引	有更多空闲时间	耐用持久
浪漫	避免繁重的工作	选择多
社会成就	增加收入	简单
抱负	美丽	体育/游戏/体力活动
个人舒适	好奇	友情
	炫耀	

二、塑造艺术定位

采用何种艺术形式来表现广告创意，这是创意艺术表现。它是广告创意的生命力。创意艺术表现必须具有想象力、创造性并情节化，应通过标新立异，达到出神入化境地。创意艺术表现是一种智力的相撞，一种灵感的爆发。然而，灵感并不是凭空而来的，而是对现实进行抽象的思维过程的积聚，在水到渠成时突然产生的意境。

那么如何来进行创意艺术表现呢？

1. 根据文本确定艺术方式　　——创意诉求点；

2. 确定艺术方法　　　　　　——创意定式；

3. 通过何种表现手法来表现效果　——创意风格。

(一) 创意诉求点

就是指从哪一方面说明一种产品最能使人接受，并把它作为诉求的基本点，这就是广告创意的诉求点。广告人员通过这一诉求点来展开创意思维。诉求点一般可分为理性诉求点和情感诉求点。

1. 理性诉求点，就是指的最大吸引力来自理性判断不太受外境的干扰。主要包括知识诉求、利益诉求、观念诉求。

知识诉求，主要是对这一产品作知识性的宣传，揭示这一产品所具有的特殊功能和时代特征，使消费者从中全面了解、认识产品，排除顾虑。信赖产品，在知识性理解中建立消费倾向。

利益诉求，这一产品能够给消费者可能带来何种物质和精神上的享受。它可让消费者了解购买商品的价值和利益所在，从而理智地而不是冲动地接受这一产品。

观念诉求，就是让消费者对这一产品建立一种特定观念，如产品价值观念或是消费观念、或是生活观念，引起受众产生需求倾向，理智地加以选择。

2. 情感诉求点，指广告信息的最大吸引力源于情感的触发进而产生需要，受外境的影响较大。爱心诉求、激将诉求、警鸣诉求、印象诉求。

爱心诉求，就是运用人们爱的感受触发对一产品的好感及购买行为。爱是一种强烈的情感需求，上至爱人类、爱国家，下至爱情、亲情、友情，是广告表现永恒的主题。爱心诉求又可细分为正面和反面两类。正面爱心诉求就是以直接表达爱心的方式吸引需求；反面爱心诉求就是运用人们对人或物的同情心怜悯心间接表达的方式来吸引需求。

激将诉求，利用人的情感弹性来引起消费行为。这种情感弹性主要是人们好胜好强、不服输、不示弱的心理特性，例如可以故意设置看低消费者的某种表现意念或情境，从而引起消费者激情反弹。

警鸣诉求，利用人们对某一事物或情境的恐惧心理，警示人们不使用这一产品的严重后果，造成一种心理压力，使人们为避免这种后果而纷纷购买。

印象诉求，通过企业名称、标识及个性来反映企业形象，突出企业整体价值，使受众加深对企业的了解和信赖，从而间接地带动企业产品的印象，提高企业的市场地位。

（二）广告定式

在明确诉求点的基础上，运用一种什么方式来确定和体现广告内容？示范和论证是经常有效的。这就是广告定式的价值所在。

1．论证定式，就是以回答"为什么"的方式来体现产品品质。包括问题定式、因果定式、悬念定式。

（1）问题定式。让人提出问题或难题，然后得到行之有效的解决方法，从而引起受众的注意和思考，并给消费者带来利益。

（2）因果定式。利用事物的因果关系，先让人知道结果，而后解释为什么或先让受众知道为什么，而后出现结果。

（3）悬念定式。创设一个疑问点，使其成为受众心中探究的目标，引发受众的好奇心和追根究底的兴趣，最后让你豁然开朗、恍然大悟，深深地记住这一产品。

悬念定式常有：

空心圆定式，就是让受众在心目中对事物整体发展中某些阶段或事物的相互关系，形成"怎么回事"，"为什么"等悬念。

实心圆定式，就是预告将要发生的事情，造成人们对事情结果的一种期待，让受众心目中形成"后来怎么样"的悬念。

不成圆定式，就是违背常理或常规，让人捉摸不透，对结局心中没底，让受众心中形成"到底如何"的悬念。

2．示范定式，就是以不同的情境展示产品的品质。

（1）直叙定式。就是直接说明产品的特性和使用方法，证明产品的质量的优越和便利，使消费者信服这一产品。这一定式简单明了，关键在于如何运用表现手法，以什么样的风格展示出来。

（2）比较定式。就是运用同类产品之间的差异进行优劣对比，突出广告商品的优势。比较内容可以是产品特征、使用功效、市场状态、价值观念、生活观念、消费观念。比较对象可以是与竞争产品或替代产品比较，也可以是以前自身产品比较。比较定式关键在于事实根据。

（3）情节定式。就是通过人物、商品、环境三者结合构成一定情节。一个完整情节应包括开端、发展、高潮、结局四个阶段。广告情节定式不是以塑造人物性格为目的，而是以展示商品、创造商品认可为目的。

（三）广告表现风格

随着广告业的发展，广告之间的差异性越来越小，互相间的竞争越来越多地体现在品味和风格上。当广告表现定式确定后，如何表现广告的风格和品味就显得尤为重要。广告风格就是指最能体现产品广告定式，最能切合实际地表达广告诉求点，使之达到艺术和商业完美结合的一种表现手法。广告风格常见的有以下几种：

1. 性别表现

（1）柔美风格，以女性优雅的动作和美丽的形象、色彩体现风格。

（2）力度风格，以洒脱的偶象特征和健康体魄的形象来体现风格。

2. 历史表现

（1）展现历史风格，以历史衬托为背景来体现风格。

（2）历史文化风格，以追溯渊远流长的历史文化来体现风格。

3. 生活表现

（1）浪漫风格，以温馨的感觉和浪漫的情调来体现风格。

（2）回忆风格，以生活的经历和美好的回忆来体现风格。

（3）童趣风格，以天真活泼和可亲可爱的儿童形象来体现风格。

4. 戏剧性表现

（1）戏剧风格，以别致有趣的戏剧性效果来体现风格。

（2）滑稽风格，以风趣幽默的欢语笑声来体现风格。

5. 科幻表现
(1) 奇幻风格,以奇特的想象和科幻效果来体现风格。
(2) 怪诞风格,以奇形怪状的刺激效应来体现风格。
6. 纪实表现
(1) 平实风格,以朴实无华和诚实形象来体现风格。
(2) 简洁风格,以简单直率的形式来体现风格。
7. 漫动画表现
(1) 漫画风格,以幽默的线条和有趣的联想来体现风格。
(2) 动画风格,以讨人喜欢的动感和幽默来体现风格。

三、创意产品价值

广告创意应表现这一创意产品最大的价值并使其被广大受众所接受。这就是广告创意创造产品价值的所在,这是由心理作用形成的附加值。这是可贵的无形资产。所以,创意的好坏将直接影响到广告创造的产品价值。创意好,创造的产品价值就高,创意一般,创造的产品价值就一般,创意差,创造的产品价值就低。

在广告创意中一般都有多种构思想象。究竟哪一种想象最具表现力,最有传播效果?这就需要考虑制约广告表现的诸种因素。

第三节 广告表现应考虑的因素

广告是给人看或听的,创意的目的是让人接受广告的内容,这是广告一切的出发点。接受、接受、再接受,只有接受,才能实现产品价值并创造产品无形价值。但是,要让人接受,就要研究广告表现,而广告表现要如何进行才最具魅力,被人接受,这就需要考虑制约广告表现传播的各种因素。

一、产品和品牌的个性

每一产品和品牌都有其个性,传达着区别于其他产品和品牌的信息。广告创意要想提高产品价值,就要抓住个性制约因素。假定某一品牌是高层次的,那么,这一品牌应该给人以高品位的印象，给人以高雅、稳重、可信，避免给人低俗感、大众化感觉。所以，体现这一品牌层次个性，必须选择与之相配的恰如其分的表现风格。而不能用一种滑稽轻浮的风格来表现。

二、发掘表现因素

发掘表现因素是为了提高广告魅力。广告魅力越大，创造产品的价值就越高。产品的本身的特征，不断传达着各种无声的语言和无形的信息，这是产品自在的表现因素，我们应努力让受众同产品这种无声无形的印象、情感、品位、个性去交流、感觉，创造性地去寻找和发现产品的真正魅力，实现人与物的沟通。这是一种感性的领悟，是经验与灵感的结合，往往具有强劲的爆发力、震撼力。

三、广告之间的关系

广告表现应充分考虑其他广告在受众心中的印象，这些广告的表现形式和风格将成为自身的镜子，反衬出自身广告表现的竞争效应。因此，要充分考虑广告与广告之间的关系，充分估计在广告效应竞争中自身所处地位。可能会出现的情况是：

1．共存。在效应竞争中，本广告与其他广告影响力势均力敌，更由于存在着某种因素或相关因素，可能会出现心理效应互相促进的作用，增强受众对广告的感知、理解和注意，从而在受众心中各占一定位置，相互竞争又相互影响、促进和发展。

2．失效。广告效应竞争中，竞争（者）广告势力强劲，而自己的广告势力单薄，创意平庸，表现不力，这样就会出现二种情况；或者会被强劲的广告所吸纳、同化，成为强势广告的陪衬；或者被视而不见、听而不闻，难以引起受众注意和兴趣。这两种情况会使自己的广告失效。

3．脱颖而出。本企业广告以其独特的魅力在众多广告中脱颖而出，格外引人注目。这当然是广告人所竭力追求的。为此，需要充分考虑广告形式以及风格表现，强人夺势，从广告竞争态势中寻找突破。

（1）寻觅广告的借助形式

借市场广告所形成的影响，以市场广告作为背景，衬托显示自身广告；利用市场广告中成熟的广告语融入自身广告语之中；利用市场广告之品牌产品与自身广告之产品并列而突出自身产品之个性。

这些做法是有一定风险性的，如果表现不好，就会被吸纳和同化。因此，在"借衬"的时候，要注意突出自己，淡化背景。在"借语"的时候，要有区别点，赋予新意，切忌模仿照搬。在"并列"的时候，要强化产品个性、优势，但切忌贬低他人。

（2）寻找广告创意空白点

广告与广告之间有了惊人的不同，就会在广告效应竞争中脱颖而出，给人以深刻影响。因此，广告创意要避开他人广告创意影响，以一种独有的、意想不到的形式和风格来表达主题，使之一鸣惊人。世界是精彩的，事物是千变万化的。创意空白点永远存在我们周围，这就需要我们去不断探索、不断发现。从观念的空白、情感的空白、感觉的空白、自然的空白中，去寻找广告表现惊人的不同之处。

四、广告的昨天与未来的延续性

一般来说，经过一系列广告传播，形成了广告表现的传统特点，在受众心目中形成了一定的品牌印象积累。新广告应顺应这一积累，同时要有所发展，要有新意。突破中保持其延续性，这样才能增加广告创造价值的作用。

广告的延续性不是绝对的。延续必须要有一个大前提：昨天的广告对于受众有着良好的基础——美好印象。如果缺乏之一前提，那么，广告的表现就毋需考虑延续性，相反地，需要重置广告表现，抛开原来的创意、原有风格，开辟全新创意、全新风格，让人耳目一新。

五、媒体环境影响

广告表现成功与否还要考虑媒体环境，不仅要考虑在一定时间内在整个媒体环境中的表现，还要考虑在行业媒体环境中的表现。

不同的媒体都有不同的传播特性，有普及性的，有专业性的，广告的表现应该根据媒体的不同的传播特性和组合效果，在围绕主题的前提下进行针对性创意，使广告表现在整个媒体环境中的组合传播具有鲜明的特色，在行业媒体环境中引起强烈的反响和注意。

六、社会文化环境影响

社会文化环境因素将从不同的角度直接或间接地影响着广告表现手法和广告表现被人接受的程度。尤其是社会文化主流它是一种文化倾向和社会氛围，一种主导潮流和精神意识，人们会不知不觉受其影响，因此，在广告创意的时候必须充分考虑这一文化主流，使其有效地融入广告表现和手法中，努力达到既能体现广告个性，又能符合或超越文化主流的良好效果。

在社会文化环境中，它不仅有积极的一面，也有消极的一面，它既能产生正面效应，又能产生负面影响，关键在于是否深刻地认识并很好地把握。

七、受众的生活特性因素

人的生活特性如同万花筒，它受性格、文化水准、经验、环境所影响，这一生活特性通过种种方式影响他对广告表现的理解和接受。

根据汤普逊调查公司分析，人的生活特性分成14种类型：

1. 喜爱异性的；
2. 反抗的；
3. 求功的；
4. 夸耀的；
5. 支配的；
6. 自律的；
7. 常求变化的；
8. 依赖的；
9. 毅力的；
10. 批评的；
11. 自卑感的；
12. 助人的；
13. 规矩的；

14．顺从的。

对某一个人来说，这 14 种类型不是绝对的，也不是单一的在一个人身上可以同时并存，只是某一方面比较突出而已。所以，这是一种相对的分类，主要是在分析过程中有一侧重点以加强针对性。它可以提示我们广告策划中要注意广告究竟由哪些人来接受、他们又提出了哪些广告需要。

第五章 广告媒体策划

第一节 广告媒体概述

每一种主要传媒——报纸、杂志、广播、电视、直接邮寄、户外广告等等,都有其独特的作用和受众特点。这需要广告人针对特定的目标受众的需要,计划以何种媒体向目标受众传递广告,使广告产生良好的效果。

如今的传媒计划比5年或10年前复杂得多。原因之一是有更多可选择的传媒,每一种传媒又可提供众多的选择。例如,电视已分为全国联网电视、当地电视、有线电视、和地区性有线电视。有针对各类人的杂志,甚至普及性的全国性杂志,也有为某一地区或某一读者群出的杂志,这就为广告人提供数以百计的选择。

另外,新兴的传媒,录相带、飞艇、气球等等,更拓宽了选择面,使传媒选择更加复杂。如何不用花比以前更多的努力和金钱,使广告传达到目标受众,已经成为了传媒选择的重大任务。

一、确定传播有关事项

传媒计划的第一步是说明传播的有关事项。这有助于实现广告目标和制定媒介策略。为了具体地说明问题,试举例说明。

对一种新食品广告宣传,考虑到:

1. 面对家庭尤其是主妇,他们是主要购买者。
2. 集中力量于城市,因为城市中加工食品本来就好销,而且接受新思想较快。
3. 整个广告年度中保持广告连续性(宣传期内重点宣传除外)。

4. 在全国范围内递送宣传该食品的印刷品。

5. 使用有助于该食品宣传的传媒，并把重点放在方便、易于准备、味道和经济方面。

为方便起见，我们将重点讨论两类问题：目标视（听）众和分配问题。

(一) 目标视（听）众

定义目标视（听）众是确定媒介策略的重要一步，如果不明确真正的受众群，那么，所有努力都可能白费。

例如：佳能在进行媒体计划作业中，其目标受众是 18~45 岁层次消费者，作为业余爱好购买第一或第二个相机，他们有高收入，受过较多教育，重视家庭，爱好运动。对于他们来说照相是一种有意义、有兴趣的娱乐活动。这显然是一个不小的市场，也是高档相机广告宣传新的目标受众群。

(二) 分配问题

分配问题回答的是广告应出现在哪儿，何时出现及其频率如何。广告是否要集中在某一地区？是连续刊播，还是在一年中的某些时间作重点集中传播？广告希望达到多大范围的目标市场，其频率如何？要回答这些问题，常运用下列概念：范围、频率、总比率和连续性。

1. 范围

范围，即广告传播范围，是指在某一段时间内（一般为四周）接触到广告的人或家庭的数量。例如，如果在 10000 人中有 80% 在四周内至少有一次听过"超级肥皂"在东方和上海电台中的广告，则范围就是 8000 人。范围是衡量传媒涉及受众的多少，它可用百分比或原始数字表示。在确定传播范围应注意明确性和专一性。

2. 出现频率

出现频率，或称频率是指同一个人或家庭涉及广告的次数。对整个受众群，出现频率以平均数计算。它用来衡量某一传媒计划的强度。

例如，假设广播听众中的 4000 人在四周中听过三次"超级

肥皂"广告,而另4000人听过5次。要计算"平均出现频率"可用下面的公式:

平均出现频率 = 总次数 ÷ 观众(听众)人数
= [(4000×3) + (4000×5)] ÷ 8000
= 32000 ÷ 8000 = 4

因此,对8000名听众来说,平均出现频率是4次。它为衡量某一宣传期内的重复性提供了依据。出现频率的分析有着重要的意义,因为受众涉及广告的频数越多,他们越有可能记住。

对某一传媒中的某一广告,什么是"合适的出现频率",虽然传统认为在四周内3~6次是合适的,但这种约略的衡量开始引起争议。因为从产品特征和广告的娱乐性,到传媒和受众的特征,不可能有理想的标准。所以"出现频率到底应为多少可能永远也不会有肯定答案。对待每一件产品和每一个顾主,我们可分别得出明确的判断"。

3. 印次

印次,是指一个传媒计划中,接受到广告信息的总量,它是接触到广告信息的认输及其次数的乘积。计算"印次",可用下面公式:

印次接触范围人数 × 出现频率
= 8000 × 4
= 32000(人次)

4. 总比率

传媒计划的影响力可用总"印次"数表示。但是更常用的是"总比率"Gross Rating Points(GRPs)。GRPs的计算是范围人数(用百分比表示)乘以平均出现频率。例如,在4周中有80%的人平均4次听过"超级肥皂"的广告。要确定总比率。可用公式:

总比率 = 范围比率 × 出现频率
= 80% × 4
= 320%

我们要理解,总比率是描述一段时间内某一传媒计划的总影响力。对广播,总比率通常按星期或按月计算。对平面广告,它按广告登载次数计算。

5. 连续性

连续性是指一项广告活动的时间安排和持续方式。包括连续、重点、节奏。它们是相互配合的，一般有三种选择方式，以超级肥皂为例：

第一种选择可以决定最初4周在东方电台和上海电台作广告。同时，为保持延续性，需在一年中每周在上海电台安排个别广告。

第二种选择可以决定最初4周在东方和上海电台作重点宣传，然后在一年中的旺季再安排三次重点宣传。

第三种选择是整年保持一定宣传水平的广告，但在旺季可用有节奏的重点宣传。

显然，广告的连续性将影响观众（听众）范围和他们接触到的次数。当然，最理想的就是整年广告攻势不断。但是，传媒计划的范围、出现频率和持续性都决定于经费预算，因为经费有限，所以传媒的使用也有限。另外，在一定预算条件下，上述各述因素之间有制约关系，如图5-1所示。例如，要达到足够的范围，则必须牺牲一些出现频率，同样为达到持久性，必须牺牲短期内的范围和出现率。传媒计划者的任务，就是尽可能妥善处理这些关系，达到足够的范围、出现频率和适当的持续性。

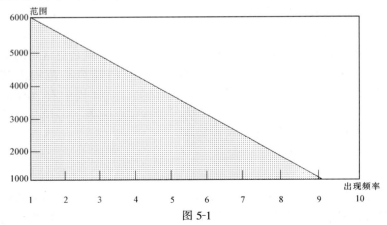

图 5-1

传播范围与出现频率是相互关系的,该图说明出现率越小,覆盖范围就越小出现率越大,覆盖范围就越大应根据具体情况,灵活掌握,作出决策。

二、覆盖地域

关于地域的考虑也是广告的一项重要决策,它决定于目标受众的位置和一般组成。

区域性考虑,可包括几个相连的大城市,整个省或几个相邻的省,也可以采用全国性计划,由此在选择媒体时要根据产品的销售范围或推进进度,有所不同。地区性传播计划可利用当地传媒、全国性杂志的地方版或独立的电视台和电台,来达到目标。全国性传播传媒一般选择电视网、广播网,全国发行的杂志和报纸。

三、传媒本身的特性

传媒本身的特性也是制定传媒策略的重要因素。各类广告都应根据媒体特性确定其合适的媒体,一些主要传媒的优点和缺点,如表 5-1 所示。

几类主要传媒的优缺点　　　　表 5-1

	优　　　点	缺　　　点
报纸	有广泛的地区性 有较高的可信性 有快速的时效性 直截了当、反馈迅速、易于统计	印刷不精美 容易被忽视 传阅率较低 页面位置难以控制
杂志	选择性强 在声望,信息可靠、准确 读者传阅率高 有利于用照片表达信息 高质量再现画面	画面不如报纸和招贴画大 可变性受限制,刊发周期长 缺乏即时性
电视	结合声音与图象,以动态的视听符号给感官较强的吸引力 一次一条信息,使受众注意力较为集中、投入 有机会演示产品,传播面广,受众数量较多 可信"你看到的,就是你将得到的"	制作、播放成本太高 播看时间较短,难以传达更多信息 广告闯入节目易遭受众反感 广告拥挤,较难脱颖而出

续表

	优　　　　点	缺　　　　点
广播	亲切、熟悉 有忠实跟随者 成本低、受众面大 可快速地改变广告	缺乏视觉兴奋感 受众范围不稳定 广告短暂
户外广告	展露时间长，有较强的视觉效果，适应企业形象宣传。增强对企业信任度	受众选择性差，往往一晃而过，广告创造性易受限制，因同类广告太多容易造成广告环境恶化
直邮广告	信息传播高度家庭化、个人化，受众有高度可选择性、灵活性	邮寄广告过多，易引起受众反感，以至在众多邮寄广告中淹没，邮寄名单较难获得

根据上表传媒优缺点的比较，不难看出，各种传媒都有不同的特点，比如，报纸可以提供深层的传播，杂志可以提供强烈持久的观念，电视能够给人以强烈的感召力，广播能够给人以美好的亲切感，户外广告可以迅速提升企业的知名度，直邮广告可使信息传递到每家每户，所有这些，都为传媒策略的形成创造良好的条件。关键在于如何组合，最有效地发挥协同作用。这就要在一定预算前提下，根据媒介的不同特性，有针对性地灵活运用。

广告表现各各不同。有的明了、简洁："AT&T，您正确的选择"；有的建立在感情基础上，激起人们对安全、社会承认、爱、美或乐趣的需要；有的用诠释法说明其产品的优点："Lite，您梦寐以求的啤酒"；有的广告复杂，需要较大空间和时间；有的直接推出新产品或产品观念。这每一种情况，都会影响传媒策略。

比如，既新又复杂的广告需要更多出现频率以利被理解和记忆。一些说明理由式的广告可能一开始很复杂，难以理解，但是一旦被理解，不规则的间歇式广告能有效地帮助顾客回忆起这些说明。简洁的广告，如 AT&T，则需要在开始时搞一次宣传攻势。且最好保持低出现频率，并争取更大范围。另外，注重感情的广告应以规则性出现会更有效，它能使受众对产品产生持久的感情。

第二节　如何选择媒体

对于广告媒体的选择，不一定要用最好、最贵的媒体，在最黄金的时段与版面播出和出版，而是要根据广告产品的特点来进行选择。

目前，从市场成功的媒介选择事例，可以告诉我们，如何去选择媒体使大众普遍接受，关键在于对选择因素的透彻了解，以适合性和针对性原则选择媒体，进而赋予一种生动的形象来介绍，并运用参与体育事件的机会来渲染，从而起到大众传播的作用。

一、产品特征

产品自身的特征从某种意义上决定了所用传媒的种类，一种美好的香水，具有独特的个性和形象，它必须通过适应香水个性品质的传媒来加强宣传效果，所要运用传媒应根据产品的特征，有针对性地展开。具体表现为：

1. 生产资料

由于技术的复杂性、专业性，适合在相关的专业性杂志、报刊上传播。

2. 消费品

由于其品种繁多，差异性大，而且不断更新花色，适合于电视、广播、报纸、大众杂志等广告媒体上传播。

3. 服务性质的行业

如酒店、娱乐场所、银行证券、房地产公司等，由于这些行业主要靠传播本身的形象来引人注目，赢得消费者的信任，适合于在报纸、电视进行展示。总之，由于产品特征的不同，宣传的侧重点就不同，运用的媒介也就有所不同。

二、传媒受众特征

在媒介上刊播广告的最主要目的是将广告信息传达给目标消费者，因此，要根据受众的兴趣和特征来确定传媒，并判断这一传媒的潜在影响力，如果其产品是针对网球爱好者的，那么最重要的是选择一个能最有效得到网球运动者欢迎的传媒。但是，这里必须指出的是没有一种传媒是能够做到与产品目标消费群体完全相同的，只能是相对接近。具体表现为：

1. 对象特点：需要针对不同的对象，选择不同的传媒；

2. 专业特点：需要针对专业的集中性，选择不同的专业传媒；

3. 习性特点：需要针对人们兴趣、习性的不同，选择不同的热点传媒。

三、顾客购买方式

对于传媒策略，考虑顾客的购买行为是非常必要的，顾客在什么时候购买，取决于产品的特性，因此，传媒策略必须考虑这一时间性购买方式。

有的产品（如方便食品）是经常性购买的，即经常性时间购买方式，广告的作用是影响顾客的品牌选择。其目的是通过广告造就品牌效应，经常地传送到目标顾客，特别在顾客作第二次决定前，这类情况需要相对高的出现率和持久性。这就需要根据购买周期的长短来考虑传媒策略，使传媒具有科学性和持久性。一般来说，从顾客第一次购买到第二次购买期间，广告需要保持相对高的出现率，期后则可以巩固这一良好开端，间歇式广告较为合适，以扩大范畴和保持延续性。

另外，有的产品（如胶卷）不是经常性购买的，但容易受广告造就的品牌效应的影响，这时，这就需要运用不同的广告策略来缩短购买周期，吸引购买。

又比如，凭感情冲动购买的产品需要稳定的，高出现率的广告，而哪些经过深思熟虑后购买的产品需要根据市场情况和竞争者的活动，安排高、低出现率交替进行。

四、操作行为决定

如何运用选定的传媒会大大影响整个传媒策略。例如，彩色广告比黑白广告吸引更多注意力。同样，全页广告比 1/4 页广告更吸引人。在有限的预算条件下，大些的空间或长些时间花费是昂贵的。对广告主是每月登一次全页广告好呢，还是每周登一次

1/4版呢?使用杂志的位置是封底还是封面呢?电视广告是不是用偶尔的60s广告呢,还是用多次15s或30s广告?要不要买断黄金时间电视节目?这些问题的答案并不那么简单。激烈的竞争往往需要更多广告,有些广告需要更多时间和空间来解释,有的广告需要适应产品的特点,采用全版或彩色。所有这些传媒计划都必须仔细地考虑,选定媒体的操作行为,在同样的预算费用下权衡影响力、牺牲范围和出现率之间的得失,使之最有效地达到预期的效果。

五、对手策略和预算

了解对手策略

传媒策略必须考虑竞争者在干什么,尤其当竞争对手的预算比我们大时。一条总的原则是避开竞争对手占主导地位的传媒。例如,当Stresstabs维它命被推出时,全都用平面广告。为什么?因为"我们想要避开当时是大竞争舞台的电视广告,并通过平面广告更有效地达到目标观众"。

预算的成本效率

任何传媒计划的范围、出现率和持续性都大大受到预算的限制,它不仅影响对媒介类型的选择,也影响其对一种类型媒介的版位、时间段的选择,因此,广告主应从自己的经营范围和竞争能力出发考虑自身的经济能力和广告费用的投入和产出之比,从比较中选择效益最好的媒介。广告主在选择广告媒介时,要把广告费用的绝对价格与相对价格统一起来考虑,分析各种传媒的成本效率,在传媒购买中常用的术语是CPM,即每千人成本。例如,某份日报有300000订户,一个全页广告索价5000元,那么每千人成本计算为:

$CPM = 5000 \div 300 = 16.67$

发行量为250000份的周报,每个全页广告索价3000元,这就较便宜,因为它的每千人成本少得多:

$CPM = 3000 \div 250 = 12.00$

然而,传媒策划人更关心的是对目标观众(听众)的成本效率,而非传媒的总发行人数。因此,如果目标读者为18~49岁的男性，而周报读者中的40%（100000）在此范围内，真正的CPM值就是30（3000÷100）。如果日报读者中的60%属于目标读者，那它的成本效率更高：5000÷180＝27.78CPM

传媒策划人必须考虑各种因素来决定（1）每种传媒观众（听众）中有多少人符合目标观众（听众）（2）每种传媒是否达到运动的目标和策略的要求（3）每种传媒在亮相、注意力和鼓动性方面评价如何。经过这样的评价，策划人就可决定日报或周报哪个更好。

六、传媒目标和选择策略制定的简要指导（表5-2）

传媒目标和选择策略制定　　　　表5-2

考虑事项	目标			
	范围	出现率	持续	间隔
广告特性： 新的、复杂的广告、追求		√		
简洁的广告，开始有宣传高峰，然后：	√		√	
解释型广告，开始是高出现率，然后：				√
注重情感型广告，追求			√	
广告富有创意或产品很值得报道，能吸引注意，那么	√			
广告呆板或产品普通，那么		√		
顾客购买方式： 对常用产品影响其品牌选择		√	√	
购买周期延长				√
影响不稳定的购买周期				√
对间隔性购买影响消费者态度		√	√	
对需要深思熟虑的产品，两者择其一		√	√	
加强消费者对产品忠实性，重点在：	√		√	
影响季节性购买，在高峰时使用：	√	√		
预算标准： 低预算、使用				√
高预算、使用		√		

续表

考 虑 事 项	目 标			
	范 围	出现率	持 续	间 隔
竞争对手的情况： 竞争者广告力量强，重点在：		√		
竞争者预算较高，使用				√
市场目标： 向大众市场推出新产品，使用	√			
以产品新用途扩大市场份额，使用	√			
要激起直接反映，用		√		√
使认识和承认公司地位，用	√		√	

第三节 传媒运用策略

一、传媒运用的衡量标准——亮相、注意力和鼓动性

传媒策划人的目的就是针对目标观众（听众）运用恰当的传媒，使广告不仅能达到预期效果，还能吸引注意力，并促使预期顾客有所行动。显然，这个任务并不简单，然而更难的是很少有资料在这几方面能准确衡量传媒间的强弱。但是，它们仍是有经验的策划人必须每天考虑的重要问题。

（一）亮相

要理解这一概念，最好想一想多少人看你的广告。如果你在拥有3百万读者的杂志上作广告，3百万中有多少人真正看到您的广告？如果是1千万观众的电视节目，又有多少人会真正看到你的广告？

这一数字通常比总观众（听众）数少得多。有些人只读杂志中的一篇文章，然后，放在一边，再也不看。有些人以同样的兴趣看每页上的文章和广告。许多人看电视到广告时，就换频道或到另一个房间去拿点吃的。因此，评价某一出版物、电台或电视占的亮相值十分困难。没有数据，传媒策划人只能靠他（她）的

判断力——经验。

D'Arcy Massius Benton & Bowles 传媒服务公司副总裁列出了下面 5 条能影响广告亮相的基本因素：

1．能从传媒中认出广告所需要的感觉；
2．传媒所需的注意力的量和种类；
3．这一传媒是作为信息来源还是娱乐；
4．这一传媒或节目是针对大众，还是特定的目标观众（听众）；
5．广告在载体中的位置（在广播之中或之间，紧贴文章或紧贴其它广告）。

（二）注意力

那些看到广告的人对它的注意程度是另一个要考虑的问题。如果你对摩托车或化妆品不感兴趣，当你看到时也许根本不注意。另一方面，如果你在寻找一辆新车，你会注意每一个所看到的新车广告。

下面有六种因素证明对传媒注意力影响：

1．观众（听众）对文章内容或节目的投入程度；
2．观众（听众）兴趣与身分的不同；
3．竞争者的数目（越少越好）；
4．广告再现的质量；
5．广告亮相的及时性；
6．观众（听众）对此运动的熟悉程度。

（三）鼓动性

由于传媒注意力影响因素表达程度不同，因此，鼓动性效果也就不同。在你注意许多广告过程中，往往会被其中某一画面或文章而打动，从而达到了鼓动性作用。比如，高质量的再现，对于感兴趣的人就会有很大的吸引力。

下面有六种情况证明对传媒鼓动性有影响。

1．要有惊心动魄的场面；
2．要有感人至深的情景；
3．要有突发奇想的吸引点；

4. 要有现实生活的迫切点；
5. 要有让人信赖的信任点；
6. 要有富有联想的召唤点。

二、传媒排期安排

广告传媒排期是指在媒介上发布广告的时间安排。这一时间安排取决于产品的特性、顾客购买方式等，这就需要根据不同的要求选择排期的方法。广告排期法可分为六大类。

（一）稳定排期法

其关键在于重复某一广告讯息。为了能加深消费者对产品的印象，广告主要不厌其烦地重复播出这一产品的讯息，正是由于如此翻来覆去地播出这一产品广告讯息，才能使广告讯息的暴露频次能够达到较高的水平，但要长时间地重复播出广告就需要广告主为之而付出大量的广告费用，不仅仅如此，为了保证广告效果，广告主还要注意经营变换广告讯息的内容，避免消费者对长时期的播送广告讯息产生厌倦，甚至逆反心理。此类排期主要适用于新产品的推广，扩大市场占有率和激烈竞争的消费品。

（二）选择排期法

选择排期法：一般可分为固定均匀排期法和交错递增排期法，这一排期法适合于需经常使用，但市场上又有一定竞争者的产品。

均匀法即均匀地安排广告的排期，确切地说即每隔一段固定的时间便播出一次广告讯息，其目的在于保持广告连续性前提下，不致于使受传者因经常看某一广告而产生厌烦心理，又为广告主省下广告经费，但间隔时间的长短主要取决于广告费用的多少及安排使用情况，特点是每一次播出的广告无论规模还是时间长短，都采用同一标准，彼此不存差异。

交错法：是每隔一定的时间播出一次广告讯息，无论是规模还是广告时间长短都呈递增之势，只是每隔一段时间，出现一次周期性循环变化现象。

（三）脉动法

脉动法，即以持续不断的广告支持为基础，并以间歇出现广告重压予以增强，脉动法也适合于经常使用的产品，但产品的竞争又相当激烈。间歇的广告重压配合于产品的促销活动，能使产品在消费者心中留下深刻的印象，从而达到广告目的。

（四）季节排期法

季节排期法，即根据自身产品季节特性，不得不考虑在适合产品销售的季节安排广告排期，如冰淇淋广告错开冬季，羽绒服广告错开夏季等。不过现在人们运用逆向思维，安排利用季节差价的方法，在夏季做皮衣的广告产生了意想不到的效果。但做这类逆向广告时，一定要查清市场需求与人们的消费能力，否则会劳而无获。

（五）逐步递增法

逐步递增法，即主要用于新商店，新产品或是任何希望能引起受众注意的新事物，它利用递增的方式来不断扩大广告规模，不断增加受众对广告讯息的累加效应，随着广告规模的不断扩大，受传者也会自然而然地对广告讯息产生初步印象，继而加深印象。但应注意不要将整个周期拉得太长，当广告攻势还未接近尾声时，受众就先对广告讯息的内容产生厌烦心理。

（六）逐步递减排期法

逐步递减排期法，即广告攻势的重头安排在初始阶段，而后逐渐降低广告暴露频次，且至完全消失。这类广告是为迎合某些受众心理和对一些特殊商品而设计的。在实施逐步递减法时，通常先对受传者发起"闪电式"广告攻势，而后降低广告攻势规模，在其评估广告效果后，或考虑再次掀起高潮、或选用其它排期法、或结束广告。

三、传媒组合运用

（一）传媒组合策略

根据媒介本身属性，每一种媒介都有长处和短处，如何有效地组合起来。避其短，扬其长，这是广告取得最佳效果的关键。

在对传媒效率的分析中，我们可能发现几种感兴趣的传媒，每种都包含着目标顾客的一部分，这就告诉我们最好的策略是传媒综合，其理由：

1.达到一种传媒达不到的人,在第一种传媒达到适当范围后,用较便宜的第二传媒使广告重复亮相,渗透更多目标顾客。

2.产生意想不到的协同作用,当主要载体是广播时,用印刷传媒送赠券,能够起到推波助澜的效果。

3.利用有些传媒固有的特点,扩大广告运动的创意效果。(如电台中的音乐或长篇的平面广告),使各类广告充分展现其影响魅力。

如何组合运用达到最大数目的预期顾客,从理论上有三种方法:

(1)是全面进行法,每种传媒发布同样数目的广告;

(2)"特征比较法",即把传媒日程安排分开,传递给每部分观众(听众)的广告与其在所有预期顾客中的重要性成正比。这种方法可能比"全面进行方法"达到更大范围;

(3)"高利润原则法",从能产生最佳回馈的传媒开始,只有当第一种不可行或不再有效时才转向其它传媒。就象金矿主对待不同矿区一样对待不同市场部分——从最有利可图的部分开始,这是达到最大范围的最佳方法。

这些原则对传媒策划人来说十分重要。但是,它们是建立在高度理论化和极简单的假设情况下的。在实际情况中,许多因素使这一过程变得复杂。具体做法是:

第一、对同类媒介进行组合,即把属于同一类型的不同媒介组合起来使用。如报纸和杂志同属印刷媒体,但报纸有全国性报纸、地方性报纸,有机关报、专业报、企业报之分,有日报、晚报、周报之别。杂志有级别、对象、传播内容、出版周期种种不同,运用两种以上不同报纸或杂志,刊登某一广告,即是一种组合。电视是视听媒体,在两个不同的电视频道播出同一广告也是一种组合,但这种组合情况不多。

第二、把不同类型的媒体进行组合运用,这是一种常用的方案,把印刷媒体如报纸,听觉媒体如广播,视听媒体如电视等不同类型的媒介有机组合起来,可以调动目标对象的感官扩大触及范围,争取好的传播效果。

第三、把自用媒介和租用媒介配合运用，广告主企业，除了购买媒介的时间或空间进行组合运用外，还可以利用自用媒体，如销售现场媒体、霓虹灯、招贴等与之配合形成声势。

（二）广告传媒评价比较（表5-3）

广告传媒评价比较　　　表5-3

	全国电视	地区电视	有线电视	广播电台	消费者杂志	商业出版物	周日增刊	日报	直邮	户外广告
受众因素 观众（听众）注意力	M	M	M	M	M	M	M	M	M	W
观众（听众）兴趣	M	S	M	M	W	W	S	S	W	W
避免顾客过多选择	M	M	M	M	W	W	W	W	W	W
为广告人提供选择	W	W	M	M	S	S	W	W	S	W
避免浪费	W	W	W	W	S	S	M	M	S	W
避免心神烦乱	M	S	M	M	S	S	M	M	S	W
避免抵制情绪	N	N	N	N	N	N	N	N	N	N
产生影响	V	V	V	V	V	V	V	V	V	V
提供声望	M	S	M	M	S	S	S	S	W	W
观众（听众）资料质量	M	M	M	M	S	S	M	M	M	W
时间因素： 提供重复机会	S	S	S	S	M	M	W	M	V	S
避免刺激	W	W	W	W	M	M	M	M	M	M
提供出现率	S	S	S	S	M	M	M	M	M	M
提供日程安排可变性	S	S	S	S	V	V	M	M	V	M
生命力长	W	W	W	W	S	S	W	W	W	W
低失败率	W	W	W	W	M	M	W	W	W	W
避免不经久	W	W	W	W	M	M	W	W	W	W
允许长的广告	M	M	M	M	S	S	S	S	S	W
提供产品保证	V	V	V	V	V	V	V	V	V	V
地理因素： 提供地域选择	S	W	S	M	M	M	S	S	S	S

续表

	全国电视	地区电视	有线电视	广播电台	消费者杂志	商业出版物	周日增刊	日报	直邮	户外广告
创造性因素提示范表演	S	S	W	W	M	M	M	M	S	W
提供影响力	S	S	M	M	M	M	M	M	S	W
允许与编者的联系	M	M	W	M	S	S	M	M	S	N
竞争因素： 竞争不激烈的传媒	W	S	W	S	W	S	M	M	M	M
整体广告数量不多	W	W	V	S	M	V	M	M	S	M
控制因素： 广告人控制传媒内容	W	M	W	M	W	W	W	W	M	N
较好的环境	W	M	W	M	W	W	W	W	M	
广告人控制位置	N	S	N	S	M	M	W	W	M	
政府规定的数量	W	W	N	N	N	N	N	N	W	M
其他限制的数量	W	W	W	W	V	V	V	V	W	
操作和表现因素： 插入容易	M	S	M	S	S	S	M	M	S	M
高质量再现	M	M	M	S	S	S	S	V	V	
格式灵活性	M	M	M	M	S	S	W	W	S	
避免艺术破坏	N	N	N	N	N	N	N	N	N	N
经济因素： 低成本	M	W	M	W	W	W	M	S	W	M
高效率	M	S	S	M	M	M	M	M	S	S

注：W＝弱的；M＝中等；S＝强的；N＝不属于这一传媒的因素；
　　V＝在这一类中不同载体有差别

（三）新媒体运用

随着媒介种类的日益增多，需要对媒介创新运用，并配合创意的广告内容，就能为广告带来新鲜感，收到相得益彰的效果，并加大广告的冲击力。

表 5-4 新媒介趋向

*影视广告 电影广告 电视广告 在流行电影、电视像带上安排广告	*电子广告牌 在大型现代体育场安排巨大的电子展示牌,出售广告 传真广告
*空中流动横幅和灯光广告 带有广告的横幅可由低飞的飞机拉起来。夜晚,上千个灯泡照亮的标语	网络广告:随着家庭多媒体网络的普及,正在成为个人获取信息的重要媒介,从而带动了网上广告的发展
*飞机、轮船和车身广告 在旅行途中,利用交通工具安排广告	*充气物广告:利用巨大的可膨胀的吉祥物和其他象征性东西来安排广告
*废物箱广告:在主要商业区的废物箱上提供广告空间 *厕所广告:利用厕所间独立空间安排广告	飞艇广告:利用轻汽球原理,在城市上空安排广告; 地毯式广告:利用各大高厦、办公楼等门口安排广告

四、传媒策略的实际运用

平常我们可以看到一般都以间歇性和集中式的广告为主展开时间安排。但是在真正进行日程安排时,聪明的策划人不仅要回顾传媒计划和策略,以保证反映原定目标,而且要考虑范围、出现率和持续性的合理组合。其实际研究结论:

1. 持续性非常重要。因为当消费者不连续性地接触广告时,会很快忘记。在大多数情况下,如果广告人一星期作一次广告,这完全是浪费,广告需要重复亮相以给大多数消费者留下印象,要达到持续性需要在一段时间内负担费用。

2. 出现率是记忆的关键,随着亮相次数增加,记住广告的人数和记忆的时间都会增加。这就是为什么许多传媒策划人相信出现率是最重要的传媒目标。如集中强大的广告攻势比 12 个月单薄的广告更能使许多人记住广告,至少在短时期内。这是在有限预算下提高出现率的最常用方法,也是间歇式广告计划的基本原理。

3. 重视记忆范围,在小范围内对每个目标顾客的较多亮相,比在相对大范围内对每个目标顾客较少亮相,更能增进记忆。也就是说,在这一点上对增进记忆范围比出现率更重要。

附：传媒计划活动表

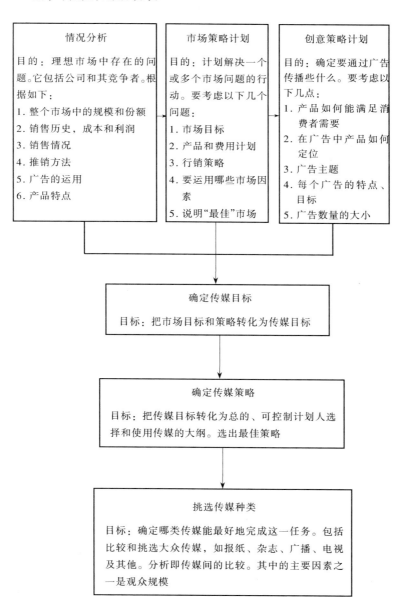

```
┌─────────────────────────────────────────────────┐
│              具体媒介的选择                      │
│                                                 │
│  目标：在主要种类中比较和选择最佳媒介，以预测为标准。│
│  其中要考虑以下几点：                            │
│  1. 如果最好用杂志，那么到底是哪一本？           │
│  2. 如果是电视，那么：                           │
│  A：电台还是有线电视？                           │
│  B：哪个节目？                                   │
│  3. 如果是广播或报纸，那么                       │
│  A：哪些市场？                                   │
│  B：消费者在作决定时对当地传媒有哪些标准？       │
└─────────────────────────────────────────────────┘
```

广　　播	平面广告	其他媒介
1. 需要涉及的范围和广播频率。	1. 广告数量，在哪几个月，哪几天？	1. 广告牌： A. 市场定位和销售计划。 B. 所用户外广告的种类。
2. 日程安排，哪个月，哪一天开始广播？	2. 广告地点：有哪几个较好的位置？	2. 邮寄广告或其他
3. 广告安排的地方：在节目中或节目之间？	3. 特殊处理、折叠插页、出版颜色等等。	
	4. 需要涉及的范围的登载频率	

第六章　广告时机和地域策划

第一节　广告的时间选择性

广告时机策划,是指对于广告发布的具体时间、频率以及广告节目内容的编排次序的所进行的安排、确定。

任何广告都须借助于一定的广告媒体,而广告媒体的选择应注意其多重时间特性:

(1) 广告发布的时间性:何日何时发布比较恰当,效果是迥然不同的。恰当的时间发布,是广告抢占先机的有力保证。

(2) 受众注意的时间性:广告是穿插于众多媒体之中的,受众在注意到喜欢的媒体时,接受了广告传播的信息。因此选择什么样的传播时间以及在媒体中哪一位置或哪一档节目对于广告传播有着重要的意义;

(3) 广告的时间延伸性:为了引起受众的兴趣,单个广告显得势单力薄,往往需要延续性、组合性的广告。因此,如何在时间延续性上最具搭配效果,使之达到影响力最大这也是广告时间的重要选择条件。

另一方面,广告时间的选择还应考虑市场促销情况,以及竞争状况:

(1) 市场销售情况因时而变,尤其是纪念日、节日、产品上市季节等时间因素,可以为广告所利用。

(2) 广告竞争。广告竞争状况也会影响时机把握的优劣。先入为主、先声夺人往往能够抢占先机。而且,由于广告竞争,使我们不一定能够永远把握时机。善于捕捉广告时机是广告竞争的关键之一。

许多事物的成功在于把握时机广告策划如果不合事宜，最好的策划也会成为过眼烟云，甚至化为泡影。因此，广告策划必须重视和研究时间的运用。

一、时间选择的制约因素

广告发布时间受到各种因素的制约，所以，如果要真正地把握最佳时间，就必须考虑其制约因素。

（一）市场情况

1. 市场地位，即企业在市场上的角色、地位，是强势企业还是弱势企业？如果是塑造实力雄厚、值得信赖的企业形象，那么广告的时间选择就比较宽裕、充实，广告频率可以提高，时限可以延长，时段可以优先，反复展现企业实力和形象。如果企业经济实力有限，则应量力而行。

2. 市场新旧，即区分传统市场与开拓市场。传统市场已为人熟知，广告只需起到提醒作用。开拓市场则是新市场，不为人所知，广告应起到介绍诱导作用。其时间的选择和分配上是不同的，前者广告频率和密度较弱，后者广告频率和密度较大。

（二）产品特点

1. 产品属性。考虑产品属性主要是确定什么样的产品适合做什么样的广告，以及如何做广告。比如耐用消费品，因消费者在购买时，要事先经过挑选，反复比较，由此，选择适合的时机、适合的地点，进行广告宣传就尤为必要。

2. 产品生命周期。在产品生命周期的不同阶段，广告所推出的时机和媒介发布量是有所区别的，产品如果处于导入期，广告一般应集中宣传，造就声势；当产品进入成长期时，广告可以开始拉大频距，利用造就的声势影响，有重点地掌握导向；到达成熟期，由于竞争更为激烈，广告需要回升，加强力度，否则产品的声音和形象会被别人所掩盖。而在产品衰退期，广告可以减至最低程度，并开始转移到新品广告上。

（三）瞬间视觉

人的注意力的相对集中是有时间性的，对一个信息的注意力，不可能持续较长时间。

对认知广告画的反应测试说明，认知广告画的平均正确反应大约在6s之内为宜，超过这一界限，对认知广告画的正确反应率只占36.7%。

另据对电视广告的反应测试说明，电视广告最珍贵的时间是开始的10~15s内，即决定性瞬间，若在此时间里缺乏兴趣引导，则注意就会消失。

因此，人的视觉注意度的集中和维持时间有一定规律，任何广告并不是每次出现的时间越长越好，而是在于把握瞬间的时间长度。

（四）遗忘规律

根据国外广告学家研究的结果表明，人们对广告宣传的遗忘率是随时间逐渐降低的，发展规律是在记忆最初时遗忘最快，以后逐步缓慢，到达一定时间后，则基本不遗忘了。可见，遗忘过程不是均衡的，遗忘发展是"先快后慢"。

德国心理学家艾宾浩斯通过研究，得出了遗忘曲线，如图6-1所示。

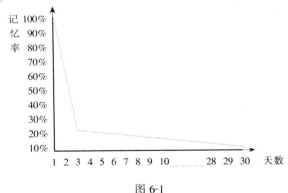

图 6-1

根据这条遗忘曲线规律，对广告时间安排的启示是：

1. 频率与遗忘率的关联性

为了让消费者强化对某种产品的记忆，必须给予反复刺激度。为了达到预定的广告效果，可采取同时选择几种媒体给予巧妙的组合运用，使各种媒体不断地围绕主题连续发布和重复宣传同一信息。

2. 在连续性广告发布中考虑时间间隔

一般情况下，每次广告发布不应以相等的间隔时间出现。初期的间隔时间不宜过长，否则第一次建立的广告印象易因遗忘率大而失去，根据遗忘规律先快后慢的特性，广告发布间隔时间应是"先短后长"，即广告集中轰炸阶段间隔时间短，最高可达每天1~6次，进入成长期后则可以隔天出现，进入成熟阶段可以每周或每月出现。

（五）视听峰谷

广播电视广告因大众收视收听习惯不同，都存在着视听峰谷，即人们常说的"黄金时间"与"非黄金时间"，广告推出时机应充分利用视听顶峰，避开视听底谷。

据我国调查表明，我国电视的"黄金时间"概念，每晚可分为两段：第一段是18:30~21:30；第二段是21:30~23:00。一天中收视率最低的时段是13:30~16:30。每周收视率最低的是星期一晚上。每周的周末及全年重大节日期间，则是广告在全年的黄金时间。实践证明，在黄金时间里每组广告中头条广告和末条广告效果最好。

（六）广告频率

广告频率是指一定周期内广告发布的次数，一般来说，频率越高，越能引起大众的注意。但频率增高要有限度，过分长久地简单反复，会使大众产生视觉注意衰退，甚至产生厌烦和逆反心理。一个广告如果需要反复出现，在广告的形式上要有所变化和突破，不断给人以新鲜感，振奋感。

（七）预算可能

一个企业能做多少广告，受到广告预算的限制。广告预算是指对广告运动所需费用进行的预先估算。一般来说，在预算可能的前提下，应精心策划，把握时机，力求获得最佳广告效益。有些企业基于一种长远考虑，为了改善企业和产品形象，广告投入往往采取赤字预算，这种方式往往是建筑在长远的投入产出平衡基础上的，这种行为具有一定风险性，关键在于广告策划成功与否。

二、把握广告时机的要领

良好的广告时机可以给企业带来无限机遇，在整体广告策划中有助于目标之达成，因此，必须找准"最佳时间位置，适时把握，充分利用。但机遇往往转瞬即逝，这就需要广告策划人员具备以下良好素质：

1. 综合性

要根据市场需求、消费特点、消费心理、风俗习惯的不同，结合企业的实际情况，运用经济、社会、历史、科技等综合知识能力来捕捉市场信息，寻找最佳广告时机。

2. 敏感性

在分析市场的基础上，运用敏锐的嗅觉去触发市场的营销机会，把握具体时间和空间领域，找到市场的契入点。运用借势、造势手段，比如借助"足球热"，推波助澜造成销售声势，把销售引向高潮。

3. 果断性

机遇的把握需要当机立断。在综合分析、敏锐观察的基础上，精心策划和设计，及时决策。同时应灵活地运用应变能力，适时地调整决策因素，使之更加完善。

三、广告与促销的配合

促销活动是在一定的时间和空间展开的，存在着时间上的限制。广告应有针对性地加以配合。如果这一市场活动没有良好的广告配合，就可能使市场活动逊色，甚至失败。从某种角度来说，市场促销活动和广告的配合是一对孪生姐妹，互相之间不可分割。广告运动的成功，是市场促销活动和广告配合的共同结果。

对某些厂家来说，采用公开参观活动、展示表演活动、新闻发布活动、文艺表演活动等形式。其特点是：以现场实物为主要手段来展示和传递产品信息和观念，以充分调动受众视、听、闻、尝、摸等各种感官功能，使其身临其境，体验效果，从而为企业的生存和发展创造一个良好的环境。

1. 公开参观活动

让消费者直接进入公司或工厂，使企业与消费者直接沟通，对企业整体产生好感与信赖，造成良好的社会印象。借此创造顾客及未来的顾客。

2. 样品展示活动

为了招揽商品买主，针对预期顾客陈列并分发商品样本促销产品，使产品信息广泛传播。通过商品展示，将产品特性、优点，使直接购买者或意见领袖充分了解，样品展示终了应是新的销售的开始。

3. 示范表演活动

示范表演活动，是经由实际表演来说明商品，进而说服顾客。其目的是示范商品使用方法、使用效益、维护保养等，这类活动有利于激起购买动机，进而引导其加深企业和产品印象。

4. 文艺表演活动

文艺表演活动，是针对特定的顾客进行的，通过表演争取订单，达到销售目的。表演场地一般需要特定选择，布置豪华，容纳人数有限，极富社交气氛。以名牌和名师为号召的文艺表演活动，往往极具新闻采访价值，有利宣扬企业和产品，提高企业社会形象，改善公共关系状态。

5. 新闻发布活动

新品，其本身就具有新闻价值。充分采用新闻发布方式能够起到良好的宣传效果，因为新闻发布的特点主要在于新闻发布，站在一个公正的立场上，较为客观真实，使人放心，活动可以提问、答疑，可以运用操作示范、讲解、播放录像等多种手段来强化记者或有关人士对产品印象，起到传递信息、扩大影响、增进了解，建立信任的效果。

6. 折价活动

折价活动是促销活动最古老而又最风行的手段，目的是引诱消费者试用新产品或用以鼓励再购产品，其方式有消除零头折价、买一送一折价、互联折价、立即报酬折价等。

7. 节假日促销活动

节假日有政府法定的和民间风俗形成的，由于人们闲暇时间增多，往往会形成某种消费高潮。节日消费一般具有鲜明的特色，传统的春节、元旦、清明节、中秋节，西洋的情人节、圣诞节等都是重大的消费高峰，通过节假日可以充分利用节日浓厚的热情气氛，推动消费形成高潮。

8. 季节促销活动

是指对于季节性商品，利用季节的旺淡之分，充分把握时机，在旺季形成销售高潮，在淡季以一种反季节促销方式，以价格优惠为主要手段，形成销售热点。

9. 重大活动促销

所谓重大活动是指对企业有纪念意义和有重大影响的活动，比如开张、庆典、获奖、重要文化或体育比赛、赞助活动等，通过这些重大活动，全面传递企业信息，提高企业知名度，引起公众对企业的信赖和好感，建立良好社会形象。

所有这些促销活动对于广告来说都是一次有利时机，运用广告的传播作用贯穿于促销整个过程中，使广告充分地把握住促销时机，发挥其主导宣传作用。其作用有：

（1）树立企业形象

帮助企业树立起良好的内部和外部形象，使公众心中产生品牌效应。通过展示活动，一方面促进内部企业管理不断地完善，另一方面因不断向外传播信息，加强对外的透明度，让公众认识自己、了解自己，赢得公众理解、信任、合作和支持。

（2）促进产品销售

通过展示和各类活动，帮助企业迅速扩大市场占有率，有效地促进企业销售深度，增强公众对产品的购买放心度，为企业的发展和产品销售奠定基础。

（3）建立信息网络

通过展示等活动，帮助企业建立销售网络和人情网络，通过建立的网络可以收集信息，反馈信息，帮助决策，在不断变化的市场中，及时掌握市场动态，对环境的变化保持高度的敏感度。

第二节 广告时机策略

广告时机策略包括广告时序、时限、时机、时点策略等,详细叙述如下:

一、广告时序策略

广告时序策略是指广告与商品进入市场的时间序列上的先后关系,具体包括提前策略、即时策略、延迟策略。

提前策略,就是在产品进入市场之前先行进行广告宣传,为产品进入市场作好舆论和形象准备。孙子《虚实篇》曰:"凡先处战地而待敌者佚,后处战地而趋战者劳",说明凡是最先抵达战地的,利于争取主动充分发挥潜力,为战事之上策;而较后抵达战地的,难免仓促应战,人倦马疲,易处被动而难获胜。在新品上市的广告时序策略中,智者之谋在于巧用时间差,广告先于商品入市,使消费者翘首以待,造成有利的市场地位,许多悬念广告就是提前让消费者对某一品牌引起注意与关注,往往能起到较好的广告效果。

即时策略,是指广告与商品同时进入市场,也称之为同步策略。有些商品过早地做广告受众往往对产品没有感性认识,从而也就不会产生良好的广告效果,只有推出产品的同时,广告适时地积极配合,使人们根据广告的介绍对照实物,加深印象,形成购买动机。

延时策略,是指产品先行上市试销后,根据销售情况分析把握这种产品的市场规模与销售潜力,据此决定广告投入的时机与数量。一旦决定,可以运用电视、广播、报刊杂志等多种媒体及展销活动,把广告声势推向高潮。这是一种较稳定的发布策略,可能在目标市场的选择上更为准确。

二、广告时限策略

在一定的时间范围内,发布广告的次数。这种次数受到时间长短和频率间隔的限制。广告时限策略要依据市场竞争等多种因素的变化灵活运用。通常有集中时间策略、均衡时间策略、阶段时间策略。

(一) 集中时间策略

集中力量在某一时间段内大量发布广告,利用信息密度高、冲击力强的特点,对目标市场进行突击性的广告攻势。其目的在于在短时期内迅速造就声势,扩大广告影响。这种策略适用于新产品投入市场前后,新企业开张前后,流行商品上市前后。

(二) 均衡时间策略

在一定的时间段中,有计划地反复对目标市场进行信息刺激的广告策略,目的是为了持续加深消费者对商品或企业的印象,保持消费者对本商品的持久记忆,提高商品的知名度。其组合方式可以每天、隔天或间隔数天连续推出广告,不断提醒消费者对某种品牌的印象。此种策略运用于产品成长期、成熟期。

此策略运用时应注意:

(1) 广告表现手法不宜太多重复,在一定的时间内应有所变化,给人以一种新鲜感,避免单调呆板,令人厌烦。

(2) 广告频率不宜机械式,平均式进行,而应科学地利用人们记忆或遗忘规律,合理地安排广告推出的次数和各次广告之间的时距,以免过密的广告频率增加广告费用,过疏的广告频率影响记忆效果。

(三) 阶段时间策略

把集中式与均衡式组合使用的一种方式。在商品销售的最佳时机可采用密集攻势的广告形式,声势浩大,抢占滩头;而在平时则采用均衡持续的策略。阶段式组合有利于保证重点,又能防止对广告的遗忘,形成波浪式有张有弛的宣传曲线。

三、广告时机策略

广告时机策略是针对市场营销活动的种种机会,适时地运用广告宣传促进销售成功。广告时机策略要根据不同的促销活动,有针对性地进行广告宣传。

对于公开参加的活动一般侧重于形象广告,让顾客建立起良好的印象和信任感。

对于样品展示和示范表演活动,广告则应侧重于产品质量和企业实力的宣传，使顾客充分了解企业实力和产品优势。

对于文艺表演活动和新闻发布，主要侧重于发布新闻，制造新闻热点，让顾客从中得到产品信息和了解企业形象。

对于节假日促销和季节性促销，往往借助于报纸、广播，同时，可利用强调现场气氛的POP广告，推出折价特买广告和分发样品的最新消息，造成热情洋溢的购买环境，诱导顾客产生购买行为。

对于重大活动时机，往往可借助大型活动的声势来带动广告宣传推动产品的促销和展示企业的良好形象。

四、广告时点策略

广告时点是指的电视、广播等媒介广告发布的最佳时间，俗称黄金时间。通过黄金时间的广告播映，有力地抓住人们记忆阶段最珍贵的瞬间。在这些时段中发布广告，收看率和收听率最高。许多企业都不惜重金，以竞标投标方式这些时段。比如：在中央电视台每年黄金段位广告招标重，1995年山东孔府宴酒以3099万元人民币夺标；1996年山东秦池酒厂以66666668.88元人民币夺标。

五、广告频率策略

广告频率一般可分为均衡频率和变化频率，广告可以依据需要，运用均衡频率或变化频率发布，也可两者交替组合运用。

均衡频率，就是在某一单位时间内广告使用某种媒介的次数和每次播放的时间均维持不变，比如每周一三五晚上，各播映三次,周六、日晚上各播五次,每次30s,以次为单元,持续一段时间。

变化频率，广告次数随节令变化而变化，适时灵活、抓住机会。比如季节性产品销售，可根据淡旺不同情况，广告频繁由低到高，再由高到低，以保证旺季广告攻势集中。某些节日性产品，节前、节中可以大做广告，节后嘎然而止。

第三节 广告的地域性选择

广告地域策划，就是针对广告传播范围进行分析，进而有效地展开广告运动。

地域的选定，有其地域市场的特殊性。在不同的地域内，用户情况是不同的，适用的产品也不同，因而广告内容及广告策略应有差别。适合南方的广告，不一定适合北方地区，适合城市地区的广告，不一定适合乡村，适合中国的广告，不一定适合外国。

从产品特性来看，有的产品是地区性的，有的产品是全国性的。由于产品特性的要求，需要广告传播具有地域针对性。根据不同的地域范围及其特点，从不同角度来进行创意和策划。

广告应跟着产品推广的线路逐步展开。随着市场的进展，产品推广的地域范围一般会越来越大。从地域走向区域，从区域走向全国，从而面对不同的地区特征。为了适合这一情况，广告活动必须严格按推进的区域路线展开，以符合这一地区的消费观念。

因此，广告地域策划是广告策划过程中一个重要问题。任何广告都需在一定的空间展开，面对强劲的竞争市场，如果不从战略角度来思考，那么广告策划就会失去针对性、实用性，成为没有地域变化的模式广告，很难达到预期的广告效果。

一、广告地域策划原则

（一）突出重点

在广告地域策划中，首先要解决如何寻找地域突破口，即所谓最有可能销售的地方。为此，应在对企业内外环境进行周密调查研究的基础上，对多种资料、情报和信息进行系统的分析和研究，从中掌握制订地域策略的可靠依据，充分了解企业内部的优势和劣势，然后再找出企业外部环境中的问题和机会。

（二）立足竞争

竞争是市场不可避免的客观事实，只有正视竞争树立强烈竞争意识和风险意识，企业才能生存和发展。所以在制定地域策略中要了解和分析竞争对手，针对竞争对手的意图而展开，在整体上把握竞争主动权，立足竞争，是广告地域策划的基点之一。

二、广告地域的对象选择

广告传播范围可以是农村、城市、南方、北方、沿海、内地、国内、国外,为了便于分析,可以把广告区域分成四种类型:

(一) 地方型

广告传播仅局限在一个省或市县中,即属于地方性传播。以下三类产品适用:(1) 具有比较明显的地方性特征的产品;(2) 一般的日用产品;(3) 试验市场的试销产品。

(二) 地区型

产品广告传播适合于某一地区的消费观念。地区性比地方性的范围要大,可能是几个省市或者专区。比如华东区、华北区、华中区、东北区、西南区,这些区域都有自身风俗习惯、自然地理、民族语言的共同特征,广告传播体现地区性特色,方能迎合和带动地区消费观念。

(三) 全国型

产品广告传播适合于全国范围的消费观念,这些产品适合任何地区的销售。比如,名牌家用电器、自行车、手表等。全国性广告传播是一项极其复杂和浩大的广告策划工程,涉及面广,流动性大。因此,广告传播要严密周全,尽量做到声势气势,传遍全国。

(四) 世界型

随着国际贸易的迅速发展,许多技术、工业设施、名牌产品,将走向世界,寻找国际消费者。那些正在打入或欲打入国际市场的产品,应根据国际地区的消费观念进行策划。针对世界市场有步骤地进行渗透性广告运动。

三、广告地域的人文因素

不同国家、不同地区在广告的运用上存在着客观差异,形成这种差异的原因之一是由于地区之间人文因素。影响广告地域的人文因素一般分成两大类:一是与媒体选择相关的人文因素;二是与传统习俗相关的人文因素。

(一) 与媒体选择相关的人文因素

1. 文化程度

文化程度的高低，对媒体的选择有着重要的意义。文化程度高，一般媒体都能接受，比如经济发达或通信传播发达的国家，各种广告媒体运用比较平衡，各种媒体都被广泛使用；文化程度低，一般人由于受到文化层次的限制，很少接触报刊杂志，大多主要接触电视、广播，因为电视、广播能够运用直观形象的画面与语言的通俗表达来实现广告诉求。

2. 人口密度

人口密度的高低对广告媒体的传播范围和传播速度有着很大影响。凡是人口密度低的地区，传播就会比较松散，传播速度也会比较缓慢。这就要求媒体选择时应尽量解决这类问题，相对来讲，在这类地区以电视、电台传播比较合适，它可补其他媒体传播范围小和速度慢的缺憾。凡是人口密度高的地区，传播范围就会比较紧凑，速度也会比较迅速，所以比较适合多种媒体的选择。

3. 生活水平

生活水平的高低与通信传播业的发达成正向相关。生活水平高，传媒普及率就高，报刊杂志、广播电视、直邮广告、户外广告都能被选用和发挥作用。各种广告媒体的比例也比较协调均衡。生活水平低，传媒普及率就低。广告媒体的选择与运用往往显得单薄，甚至会侧重于某一媒体上。但随着一个国家的经济发展，生活水平提高，广告媒体的发展，各媒体运用的比重也会逐渐趋于平衡协调。

（二）与传统习俗相关的人文因素

传统习俗差别不仅对于广告媒体的选择具有决定性意义，对于广告诉求重点的确定也十分重要。

1. 审美观念

由于受生产力发展水平和传统文化因素的限制，不同地区受众对于同一商品的审美衡量标准是不同的，比如农村婚嫁喜庆，喜欢龙凤吉祥，大红双喜，城市则崇尚现代气派，浪漫情调。所以广告内容应当充分重视这种地域审美观念的差别。

2. 消费观念

消费观念主要是指消费者对消费品追求的是什么，或者说主要的是追求什么，这种对同一商品不同追求的内容形成了人们形形色色的消费观念。我们应注意的是消费观念会因地域不同而呈现明显区别。广告诉求重点也应有所不同，比如，发达国家对于营养的追求已让位于对减肥、健康长寿的追求。不是要求营养丰富，而是要求营养成分搭配科学合理，所以广告诉求重点也应随之变化。

3. 禁忌习俗

入乡随俗，各地长期传统文化习俗的差别，导致在广告用语、用色、用图等方面应有所选择，有所禁忌。比如报晓的公鸡在中国被公认为吉祥之物，在印度则是忌讳的；龙是中国的象征，在英国则不受欢迎，大象在非洲是神圣之物，在欧洲则是懒汉标志。又如色彩，黄色在印度表示华丽和光荣，在泰国象征王位，但在叙利亚却象征死亡，等等。所以广告策划者必须通晓这些民族特色信息，迎合地域的风俗，加于运用和发挥。

第四节　广告地域的策略

广告地域策略是根据对市场状况、消费观念和人文因素的分析，确定广告在地域上运动的路线、而进行的一种深思熟虑的布置。

广告在地域上的运动一般有三种方式：

1. 点点方式　即一个点到另一个点，采用直线或曲线的传递。
2. 点射方式　即呈放射状，是一种中心辐射的传递。
3. 面射方式　即席卷状，是一地区到另一地区的传递。

从我国的情况分析，广告在地域上的运动，根据三种方式可分为7条路线：

点点状：

从一个城市跳跃到另一个城市扩散；

点射状：
（1）以中心城市向周围城市扩散；
（2）以城市向乡村扩散；

面射状：
（1）沿海地区向广大内地扩散；
（2）从南方向北方扩散；
（3）从高消费地区向低消费地区扩散；
（4）南北夹击向某地区扩散。

根据广告在地域上的运动方式，广告策划也应对产品的区域推进路线作战略上的考虑，比如先重点开拓哪些地区，再扩大到哪些范围，如何占领和转换市场等等。这些考虑也就是广告地域策略问题。下面列出的是常见的几种广告地域策略：

一、点式游击策略

依据市场变化，不断改换销售区域，灵活多变，避实就虚，适时跟进，保证产品销到哪里，广告的影响就扩大到哪里。一般做法，不以某点为销售中心，而是以信息流为主导，不断寻找新的地域发展。

二、集中造势策略

在最有可能销售的地区集中推出，突破一点，取得市场的优势。然后以此为扩散点，把产品及观念向既定的目标市场扩展。一般做法：把市场细分化，分成现实立足市场，主攻市场和未来发展潜在市场，以一点或几点为重点销售区，加深广告攻势和促销活动，全力保证产品供应，努力造成新闻效应，使影响传遍各地，从而达到广告区域策划目的，即以点到面，效果突出。

三、固守占有区策略

在产品最大的销售区域内，企业为了牢牢地掌握这一区域市场优势，于是广告围绕这一区域重点展开，给予密切配合。一般做法，以这一地域市场为中心，全力开展广告运动，坚守阵地，根据情况巩固和发展区域市场。

四、钳形夹击策略

根据产品固有特性，从市场的两极同时发起广告地域攻势，两线夹击，向中心推进会合，造成强大声势，一般做法以南北为两极，一股由北向南进军。一股由南向北进军，形成钳形攻势，抢占市场，根据南北地域的不同特征，以不同的风格南北夹击。特征，以不同的风格南北夹击。

五、轮番推出策略

根据市场时序变化，通过系列产品的推出，或者产品的更新换代，在确定的市场上进行轮番"广告轰炸"，或者"交换轰炸"，一方面扩大产品系列或新品影响，另一方面可以使品牌形象在总体上得到不断巩固和加强。一般做法，在确定的市场上不断推陈出新或者交换市场，以变化的广告方式每次给人新的感受，新的印象，这对于巩固和占领市场可以收到事半功倍之效。

六、纵深推进策略

根据人们对商品认识的发展情况，或称认识商品随时间发展规律，有计划和分阶段地向不同的地域、市场作纵深推进。一般做法，以沿海主要城市为起点，制定向不同地区的推进方针。按照人们的认识规律和商品流行演进路线，向内地主要城市推进，辅以独特的促销方式和广告宣传优势，可迅速扩大产品影响和市场占有率。

第七章 广告预算策划

第一节 广 告 预 算

我们在广告上应投入多少？以哪些媒体进行组合传播？广告运动需持续要多少个月或星期？这些问题应通过广告预算作初步确定。

广告预算是计划一段时间内（通常一年）广告规模和范围的主要手段。它为今后广告运动所需费用提供预先的估算和参考资料。

确定总预算的大小并非是一门精确的科学，因为广告效用不可能被精确衡量，那么也就不可能精确预见投入的多少。它有许多不确定因素，确定预算大体上讲是一种判断。这有几个原因：

1. 销售和赢利是许多因素的结果，其中有些因素是可以控制（如产品、价格、促销等等），而有些因素是企业不能控制的（如竞争、代理商的支持、经济环境等等），所有这些因素都相互作用，并同时影响着销售。

2. 市场情况的特殊性。公司在某时期某一地区取得的结果，不能延伸到另一时间和地点，也不能扩展到另一个公司。

3. 广告计划对若干因素的运用对广告投入会有不同程度的作用，其中有广告因素（创意和制作）和传媒因素（其所达范围、频率、时间）。特别是创意因素可使公司广告费用的效用加倍。另外，在相同费用情况下，一种媒体也许比另一种媒体可传达的目标受众（顾客）多一倍。但是，这些因素都不能被精确确定。

面对这些不确定因素，又无可靠的公式可遵循，预算人员应依靠推理、经验，结合公司具体情况来作出判断。这些具体情况是指：

（1）经济来源；
（2）差价和销售量；
（3）市场大小和广度；
（4）产品所处生命周期阶段；
（5）广告在市场中的作用；
（6）竞争对手的预算。

这些因素都相互依赖，相互联系，并时刻变化，应在具体的预算确定过程中同时考虑。

一、经济来源

对预算最明显的制约是经费。在许多产品领域，尤其是家化行业、食品行业、家电行业，除了几个有庞大经济来源的公司外，许多公司就因广告费用的制约抑制了其进入全国市场。但是在这些领域，广告费却往往是进入市场的决定因素。

当然，对于拥有高质量产品或服务的小公司可由小规模开始，集中精力于当地或区域市场，逐渐扩展，在销售增加的基础上，根据自身积累投入更多广告费。广告的规模，必须适合有限的经费。

二、差价和销售量

每单件产品的收入或成本的差别，称为差价。它决定了每单件产品收入的多少能用作广告促销和利润。不同产品，其出售价和成本之间的差别是不相尽同的，如果差价显著，确定预算时就有很大余地，大量费用可用于广告，并还余下足够的利润。例如化妆品、健康用品和美容用品，其差价通常是零售价的 40% ~ 50%，毫无疑问，这些领域的广告主可成为大投资者。

单件产品单价乘以销售量，决定了可用于广告、促销和利润的费用的多少。差价小也可由大销售量弥补，如香烟、香皂和清洁剂，虽然差价很小，但因其销量大，广告费也多。1997 年，万宝路香烟销售达 1340 亿美元，使 Philip Morris 公司能在那年为这一品牌投入 8400 万广告费。

研究表明，有相对高的广告预算的品牌，比同类产品要价要高。这就产生了一个问题，是消费者愿意花更多钱来购买多做广告的名牌吗？回答是广告增加了牌子的价值，使其索价更高，有更多差价，反过来支持更大的广告预算。然而，需求和竞争使价格弹性只能保持在一定界限内。即使是最忠实的品牌追求者，当价格差别太大时，也会转向其竞争者。

三、市场规模和广度

市场的大小对于决定广告预算的大小至关重要，要达到的受众人数越多，使用各种传媒的费用就越高。因为媒体费用占广告总预算的 80%，传媒费用越高，预算也越高。一个拥有大的、分散的、全国市场的广告主，其预算比拥有小的、高度集中的当地市场的广告主要高得多。全国性企业势必要用全国性传媒，如电视和杂志。正如我们所看到的，这些媒体的每一分钟和每一空间都数目可观。在美国平均黄金时间全国电视网上每 30s 广告需要 121860 美元。如果每月一次，就是一年 14 623 000 美元，只有拥有相当大且广泛市场的广告主才适合作如此高的预算。然而，事实上，花费广的广告主通常在每单件产品上的花费相对较少。

对于名牌，市场规模已经形成。当要介绍新产品或扩展市场时，必须考虑市场大小，很少有广告主能负担全国性的，推广新产品，多数公司更愿意一个市场接一个市场，或一个地区接一个地区，在较小规模内有充分资金，比起全面铺开，是一种更好的策略。

从地域上说，对于广阔、复杂的市场，广告预算要比一到两个精确定义的地区花费更多。为达到所谓的大众市场，需要利用价格昂贵的电视台，高发行量的杂志和报纸作媒介，而达到较小的、精心确定的部分市场只需利用稍便宜的专业杂志，当地电台，或直邮媒体作广告，其中每一项都能减少许多不必要的开支。

四、产品初始阶段

新产品的推广通常需要更多广告。在激烈竞争中,第一年推广新产品的费用也许会抵销总收益。建立品牌认知、诱导试用和争取零售商,需要强大的初始广告和促销。

一旦新品牌子推广成功,即它达到或超过公司的销售量、市场占有率、投资回报率等方面的目标,公司就可采取以下三种策略中的一种:

1. 增强型策略,即大量增加广告。宁可短期内较少赚钱,以利用机会赢得更多市场占有率。例如,强生婴儿洗发水,一种已上市多年的产品,其广告预算也较以前翻了一倍,以赢得更广泛的支持。

2. 同等型策略。对于有成熟市场的现有大多数品牌,每年按同等数量作连续的广告。

3. 减弱型策略,是为了在短期内有更多收益和现金流量,减少广告开支,并允许市场占有率适度下滑。

五、广告的作用

广告相对于其它因素的作用越大,广告预算也就越大。在自我服务的超市中很少有个人销售,那儿的许多品牌已通过广告"预售"了。相反,在工业品市场,销售设备依靠个人销售,如金属加工机械等。消费品市场竞争激烈的品牌,厂商发现,无论是否自我服务,都必须通过建立品牌认知和偏爱,在顾客进入商店前预售产品。这种预售依靠的是广告,其反映就是更大的广告预算。在工业品市场,只有少数很容易直接接触到的客户,广告成为个人销售的辅助手段,其预算就小得多。虽然有些工业性公司,如 IBM,杜邦等广告费用庞大,但就其规模,或以广告所占销售百分比来表示,这些数字依然比多数消费品小得多。

直接影响广告投入的一个重要因素是促销费用,为了通过样品、优惠卷、折扣等方法吸引人们试用新产品,在推广年中促销投入比广告多并不罕见。

哪些始终有一大群忠实消费者的名牌,对企业很重要。企业每年从它们那儿获得稳定的销售量和利润。名牌有更高的价格和差价，它们更能抵抗价格竞争和对手的挑战，有很强的抵御力，名牌还能赢得零售商，因为他们认识到名牌能保证商店客流量，较高的回报率和差价，也提高了其预算基价。消费者的品牌观念，可以通过广告形成、加强并保持，如果企业主想通过停止广告不考虑保持品牌形象，而一味追求短期利益，那他就是在冒险。

六、对手的广告预算

把在同一产品领域总销售的品牌占有率，同总的广告占有率相比较，就会发现它们之间有极强的联系：市场占有率越高，广告占有率也越高。因此，我们可以很自然地设想，广告帮助建立并保持品牌的销售，相对广告占有率得到了相对的市场占有率。

投入本身，并不意味着广告的成功，而且竞争对手的广告投入也不应成为决定预算的主要方面。然而，由于竞争状况关系到市场占有率，因此，对手的广告投入也应纳入我们的视线。

第二节 确定广告预算的方法

正如前面说的，确定预算没有单一的公式，以差价收益与差价投入等同的理想模式并不可取，广告对销售的作用不能孤立来看，也难以预测。广告预算更应该说是一系列近似法。预算计划人可依从下列几种思考问题的方法：

1. 根据广告费占销售额的比例；
2. 把广告占有率同市场占有率相联系；
3. 使用交流顾客行为模型；
4. 根据支出计划。

一、广告占销售额比率

产品或服务的销售量决定了企业规模，广告作为一种销售力，直接影响着销售量。因此，企业根据销售总量，从中取出一定比例的金额，作为广告费用支出，即广告费（A）表示为销售收入（S）的百分比。

（广告投入(A)÷销售收入(S)）×100% = 占销售百分比(A/S)

一旦接受了一个合适比率,决定广告预算只需简单地把预计销售收入乘以这一比率。

找到最佳 A/S 比率并不是看起来那么简单。一开始可以回顾上一年的情况,同去年相比是否升高、降低或持平,要看收益如何,如果已达到利润目标,应不必要改变 A/S 比率。如果利润达不到或超过目标,比率要上升或下降吗?这就需要判断。为加强判断,预算计划人可看一看竞争对手的投入,从出版物信息中,计划人可估计他们单独的和每类产品的 A/S 比。虽然对手的情况也许有很大不同,但掌握这些情况会使自己不会偏差得太远,对广告主也是一种有用的参考。

这一比率显示了两种可变体之间的联系:广告和销售。一旦比率确定,应立即预测产品销售。这通常是一个复杂的过程,这里不再赘金。总之预测越准确,花广告费用开支太多或太少的偏差的可能性就越小。

A/S 的另一种表示方式是每单件产品,这再某些工业,如汽车、啤酒和香烟中常用,表示为多少元每辆车,多少元每桶或每盒。预算计划人仍然须先确定比例,并如上面所说的那样预测销售收入。在每件产品的基础上进行广告预算,有利于根据销售波动和产量进行调整。

广告占销售比率使用方便,并容易理解,承认广告投入是销售的动力。但是这种简明性有其一定的不足,即依赖于不确定的两个假定:(1)这一比例反映了较为合理广告投入;(2)可相当准确地预测销售。鉴于这两个假设,用这一方法就会掩盖市场的动态发展。一年之间,市场和品牌都不是静止的,从而导致广告费用支出的机械化倾向。

二、与市场占有率相连的广告占有率

一个品牌的成功与否,通常以它在同类产品销售中所占比率来衡量。1987 年,Kelloggd 在冷冻谷类市场占 42.6%,Callod 在酒类市场占 30%,Budweiser 卖出了当年啤酒总销量的 27.8%,一个品牌的市场占有率反映了它在这一领域中的渗透程度,以及与其它品牌的竞争情况。年与年,月与月之间的品牌占有率变化都有人密切注意，就象体育比赛的记分牌，但这不光是比赛，而是有关于利益。

一项对 57 家公司的研究发现，市场占有率和投资回报（ROI）之间有高度的正相关关系。一般市场中相差 10%，就伴随着税前 ROI 有 5% 的差别，较高的市场份额就会有更多收益，其中有几点原因：高份额意味着高销售量，并伴随着在生产、市场和传媒购买中规模的扩大，品牌在零售店中有更好的可视性，更好的贸易支持，并能开价更高。毫无疑问，市场中的名列前茅和高 ROI 都有一个共同基础：要有优质的管理，即善于激励雇员，提高生产力，控制成本，处理经费来源，同时，他们也会在产品研究和发展上投入更多。

高市场份额通常由于获得这一领域的高广告份额支持。广告份额称为 SOV。很容易设想，SOV 越高，广告数量就越多。Kelloggrm 投入了 36.7% 的广告份额，得到 42.6% 的市场份额（SOM），Callo 的 30% SOM，伴随着 30.6% 的 SOV，Budweiser 用 16.8% 的 SOV 赢得了 27.8% 的 SOM。A.C.Nielsen 公司在 15 年中，对 5 个国家 34 类消费产品的 200 个品牌的研究表明：

（1）有 83% 的案例，在广告占有率和市场份额之间有直接的关系。

（2）78% 的同类领先品牌的广告份额相当于或超过其市场份额。

（3）对于推广新产品，1.7% 广告占有率能取得 1% 的市场份额。比如，要达到 5% 的市场份额，需要 8.5% 的广告占有率。

据此，人们得出了"每百分点份额投入"法即每百分点销售额需要投入的广告费计算法。Nolsen 提供的比率是推广新产品时每百分点投入为 1.7。如果目前某一类产品平均每百分点投入 500 000 美元，新产品的市场份额，目标是 15%，这就需要 12 750 000 广告费（15×1.7×500 000）。

每百分点投入反映了某一领域竞争者的平均表现，每一个品牌的市场份额和广告占有率都相互影响，如果一个公司的每百分点投入远低于平均数字，人们有理由认为它的广告效率更高，即平均每一元投入赢得了更多的市场。

三、购买者行为模式

广告的作用是激发消费者反馈，保持产品一定的购买率。为此人们发展出了各种模式跟踪并量化这些反馈。这些模式对计划推广新产品的广告和促销预算十分有利。最常见的购买者行为模式分为以下几个阶段：

1. 认知（看到、听说或知道这一新品牌的人数）；
2. 试用（初次购买或免费试用的人数）；
3. 重复购买（重复购买并成为常客的人数）；
4. 购买率（每人每年购买的产品数）。

当然，有些试用者不再购买，也有些常客比别人买得多，当了解了不同的购买者行为后，估计这一年每个人购买的平均产品数就很容易了。这种模式的逻辑是：为达到预计的销售量，必须有足够多的购买者，每人购买足够数量的产品，每件产品付一定的价格，从预计购买行为推导出销售量称为"建立用户基础"。"用户基础"把销售量转换成某一方式顾客反馈的人数，这对我们十分有利。因为广告预算不仅是多少元、多少角，还应与顾客和其反应相联系。

从"使用者基础"（购买人数×每人购买件数×单价）推导出广告预算，从所需认知层，到试用层，最后到购买层，其人数逐层减少。因此，达到一定的购买层，需要从高得多的认知层开始。

为了说明这一点，假设我们正推广一种香皂，计划头年零售额为36000万元，以平均每年购买5件，每件单价3.00元计，我们需要2400万家庭，为达到这一目标，我们假定需要在华东地区30000万使用香皂的家庭中建立初步认知，这一过程如下所示：

整个华东区	30 000万家庭
使用香皂的（80%）	24 000万家庭
认知（50%）	12 000万家庭
试用（40%）	4800万家庭

重复购买（50%）	2400万家庭
销售量	12000万件
销售额（3.00元每件）	36000万元

显然，广告对建立认识起了主要作用，同时也促进试用。当然，其他刺激手段如免费样品和优惠券也会导致试用。重复购买更多是产品本身的原因，广告可有助于保留这些顾客。如果缺乏预测认知、试用和重复购买的准确数据，计划人必须运用准确的判断，从所需顾客数着手，反过来推导各个阶段的人数，是确定预算过程中的有用原则，它着力于顾客及其行为，不是让钱怎么花掉，而是要达到计划的认知水平需要多少广告。以人来说，即广告要达到多少人，每人多少次？

四、支出计划

在全国范围内推广一种新产品需要在开始阶段大量投入广告和促销，在头几个月需要足够的势头形成一定的销售量，以尽快取得赢利。一个恰当的比喻就是飞机起飞，并爬升到巡航高度，起飞和爬升时所需燃料比保持巡航高度多得多。同样，建立认知和试用，比保持高销售量需要更多广告和促销。销售从零开始时的初始投入常会导致第一年的亏损，这种情况可能甚至延长到第二年、第三年，直到销售达到一定的量，以取得足够的收入，支付成本，并弥补以前的亏损，显示早期亏损为什么及如何发生，以及何时及如何弥补它的预算，称为支出计划。

各种构成支出计划的预测和计算如下所示：

市场规模：在已往销售和发展预测的基础上预计同类产品总销量。

份额目标：反映销售的早期增长。

消费者行为：平均份额×整个市场。

商品供应线：零售商和总经销处在流通过程中的商品量。

总产量：消费者行为+商品供应线。

工厂收入：总产量×单个产品的成本。

成本：总产量×单个产品的成本。

P/A/P（可作为利润，广告和促销的费用）：收入−成本。

总投入花费：某一时期为达到销售目标必要的广告和促销费用。

赢利（亏损）：当年赢利或亏损。

累计：累计盈利和亏损。

为说明支出计划的三种类型，假设 X 品牌如下：

	单件
厂方销售价	$9
产品、管理和销售成本	$5
用于利润广告和促销	$4
一般盈利	$2
一般广告促销费用	$2

表 7-1 是推广 X 牌新产品的 36 个月支出计划，计划用 18 个月在盈利年（第四年）达到计划市场份额，注意，公司第一年投入直到第三年底才收回，虽然第二年有微利，第三年有正常盈利。

在第四年，达到了产量、费用和利润目标、支出计划是一份蓝图，它预测了如果按照计划的步骤，将会发生什么、计划从确定盈利年的业务目标开始，然后确定为达到这些目标，在推广年中所需投资的大小和种类。

很多情况下，当赌注很高，销售和利润目标不确定时，在试验市场中实施这一计划是合理的，通过在几个相对小的市场中进行试验，很可能找出预计市场计划，包括广告预算能否产生预计效果。试验市场还提供了机会，试验不同的预算，有些市场用高投入，有些用低投入，然后比较其结果。

新产品推广投入、36 个月支出计划　　　表 7-1

	第一年	第二年	第三年	三年总计	第四年
市场规模（百万）	8	10	11	—	12
份　额　目　标					
平　　均	12.5%	25%	30%	—	30%
年　　底	20%	30%	30%	—	30%

续表

	第一年	第二年	第三年	三年总计	第四年
消费者行为（百万）	1.0 8×12.5%	2.5	3.3	6.8	3.6
商品供应线（百万）	0.3	0.2	0.1	0.6	—
总产量（百万）	1.3 (1.0+0.3)	2.7	3.4	7.4	3.6
厂方收入（单价￥9）	$11.7 (1.3×9)	$24.3	$30.6	$66.6	$14.4
成本（单价￥5）	6.5 (1.3×5)	13.5	17.0	37.0	18.0
可用于P/A/P利广促（单价￥4）	$5.2 (11.7−6.5)	$10.8	$13.6	$29.6	$7.2
总投入花费	$12.8 (10.5+2.3)	$10.0	$6.8	$29.6	$7.2
广　　告	10.5	8.5	5.4	24.4	5.7
促　　销	2.3	1.5	1.4	5.2	1.5
利润（亏损）					
当　　年	($7.6)亏 (12.8−5.2)	$0.8	$6.8	—	$7.2
累　　计	($7.6)	($6.8)	—		$7.2

表7-2是一份样品推广36个月计划，它在第一年导致销售的更快增长，在第一年年末即达到盈利年水平，免费样品刺激了试用和重复购买，其初始投资比非样品计划高，当新产品比现有品牌有自己的优势，并且消费者乐意享受其优点时，使用样品推广很合适。在有强大的品牌追随领域中，为得到今后几年支持这一新品牌的早期试用者，必须花费巨大，同时，当新产品很容易被模仿时，样品有助于在竞争者有机会进入前率先占领市场。

样品推广、36个月计划　　　　表7-2

	第一年	第二年	第三年	三年总计	第四年
市场规模（百万）	8	10	11	—	12
份额目标					
平　均	20%	30%	30%	—	30%
年　底	30%	30%	30%	—	30%
消费者动向（百万）	1.6	3.0	3.3	7.9	3.6
商品供应线（百万）	0.4	0.1	0.1	0.6	—
总产量（百万）	2.0	3.1	3.4	8.5	3.6
厂方收入（单价¥9）	$18.0	$27.9	$30.6	$76.5	$32.4
成　本（@¥5）	10.0	15.5	17.0	42.5	18.0
可用于P/A/P（@¥4）	$8.0	$12.4	$13.6	$34.0	$14.4
花　费	$18.5	$8.7	$6.8	$34.0	$7.2
广　告	8.0	6.9	5.4	20.3	5.7
促　销	10.5	1.8	1.4	13.7	1.5
利润（亏损）					
当　年	($10.5)	$3.7	$6.8	—	$7.2
累　计	($10.5)	($6.8)	—	—	$7.2

表7-3是一现有品牌增加市场份额的业务发展计划，广告和促销费用增加1000万元，比平时多160万元，即盈利减少160万元，第二年品牌占有率从30%上升到40%，利润增加960万，花费的增加可能是用于产品改进和重新定位以开拓更大市场，或是新的广告运动。

业务发展计划，12 个月收支　　　　表 7-3

	第三年	第四年
总的消费者市场（百万）	11	12
X 品牌份额目标		
平　　均	36%	40%
年　　底	40%	40%
消费者动向（百万）	4.0	4.8
商品供应线（百万）	0.2	—
总　产　量（百万）	4.2	4.8
厂 方 收 入（@￥9）	$37.8	$43.2
成　　本（@￥5）	21.0	24.0
可用于 P/A/P（@￥4）	$16.8	$19.2
花　　费	$10.0	$9.6
广　　告	7.6	7.6
促　　销	2.4	2.0
利　　润	$6.8	$9.6

第三节　广告预算管理

一旦推导出预算，它就成为管理资金流量的主要工具，从中了解支出的规模和时间，使现金流动更有效率。

由于广告预算的 80% 是支付给传媒，传媒计划成为资金管理的基础。在新产品推广的头几个月，广告投入可能很大，而销售刚刚起步，必须有足够资金填补，为此，需有支出的月度表，以便控制广告费使用和预测全年的广告费支出。

随时间推移，广告费实际支出是高于或低于计划数，为广告费预算的执行提供了依据，当实际开支与预算发生差别时，可把支出纳于轨道，节约开支，或者相应地修改预算。

预算中的非传媒支出包括制作电视广告，印刷广告，附属材料，调研和管理的成本。由于现代市场中促销的重要性和促销手段的多变性，使预算制订的复杂性增大，往往很难确定哪些费用应该列入广告费用预算，哪些费用不能列入。美国《TP印刷品》杂志提供了一种区分广告各种费用的方法：将所有费用分为三种类型，并且分别列入白、灰、黑三种颜色的表中，白色为必须列入广告费用的预算，作为广告费用支出项目，灰色可表示为促销费用，这一费用既可列入，也可以不列入，黑色表示不可列入广告费的项目。如见表7-4。

广告费用支出构成表 表7-4

白	媒介购买费用	支付报纸、杂志、电视等广告媒介的费用，购买（租用）各种户外广告的费用，执行直邮广告的费用、执行售点广告的费用
	广告管理费用	广告主广告部门的人员工资、办公用品费用、支付广告代理商和其他广告服务机构的手续费、佣金、广告部门的差旅费用
	广告制作费用	有关美术设计、制版、印刷、摄影、广播电视广告的录制、拍摄与广告相关的产品包装设计费用等
	杂 费	广告材料运送费及各种广告费用
灰		样品费、推销表演费、商品展览费、推销费、广告主广告部门房租、水电、宣传车辆费、为推销员提供便利所需的费用等
黑		免费赠品费、邀请浏览费、给慈善捐助、商品说明书费、包装费、顾客招待等，行业管理费、广告工作人员的工资、福利和娱乐费用等

预算处理的是钱，通常数额巨大，如何使用它们，倍受企业关注。但应记住，精确的数字就意味着不精确，它是高度主观的，无单一的公式可循。

所有广告决策影响预算，并受预算影响，由于缺乏对广告作用的精确衡量，预算计划人员不可能依据标准公式，相反，他们衡量公司自身的各种因素，并运用不同的方法来决定用多少和怎么用。有些方法更适合于新产品推广，而另一些更适于保持现有品牌；有些方法比其它方法更适合某些市场情况。不论怎样，预算是广告计划的主要工具。

下篇

广告策划范例

第八章 报纸杂志广告策划

第一节 报纸杂志广告概述

报纸是以刊登新闻为主，定期连续地向公众发行的印刷媒体。广告主在选择广告媒体时，一般都将报纸列为首选目标。

杂志则不是以新闻报道为主，而是根据读者性别、年龄或不同文化、兴趣传播不同知识内容的定期发行的印刷媒体。在总体上不如报纸、广播、电视那么广泛，但仍是一种别具一格的重要广告媒体。

报纸杂志都是印刷媒体，它们既有相同点，又有各自的鲜明的特点。表 8-1 列出的是报纸与杂志媒体的异同：

报纸与杂志媒体异同　　　　　　表 8-1

		报　　纸	杂　　志
相同点		版面大、篇幅多，可供广告主充分地选择与利用，报导内容详尽，读者可反复阅读	
不同点	优点	地域选择性强，灵活性强，传达快，读者广泛，专栏性强，具有权威性	具有明显的专业性，时效性强，传阅率高；印刷质量较高，引人注目，信息易被注意
	缺点	有效时间短暂，印刷质量欠佳，新闻太多，诉求信息易被忽视	灵活性差，读者范围受限制，区域性不明显

从表中可以看出，报纸、杂志都有各自的鲜明特点。在策划

过程中，可以组合运用，使之互相补充，以弥补各自的不足。报纸的分类见表 8-2，杂志的分类见表 8-3。

报 纸 的 分 类　　　　　　　　　　表 8-2

从规格来分	对开八版、对开四版、4 开四版、4 开八版、4 开十六版、4 开二十四版
从出现率来分	日报版、晚报版、周报版
从地域来分	全国性报——通用级、地方级 地方性报——通用级、地方级 海外版、地方小报、社区小报、企业报
从对象来分	普通读者 专业性读者

杂 志 的 分 类　　　　　　　　　　表 8-3

从规格来分	32 开、24 开、16 开、大 16 开及 8 开，其中大 16 开是国际流行开本的规范形式
从出版周期来分	周刊、半月刊、月刊、双月刊、季刊、半年刊及年刊，其中月刊为常见杂志出版形式
从内容性质来分	生活性杂志、商业性杂志、专业性杂志、综合性杂志

第二节　报纸杂志广告策划

一、报刊选择条件

报刊选择策划首先要做好报刊调查，调查报刊内容及其导向。报刊内容对于读者市场起着决定性作用。调查的主要方面有：

1．发行量：报刊发行数量越大，广告受众就越多。发行量可用于预测有多少人能够接触到发布的信息。

2．区域性：了解报刊发行区域内各个细分区域的发行比例，其目的是了解该报刊在地区的定向传播效果。

3．读者层：有关读者年龄、性别、职业、收入、文化程度等不同特定构成情况，其目的是预测信息传播的针对性。

4. 信誉度：报刊在发行区域内所具有的权威性以及公众对其信任程度，调查目的是预测信息传播的可信度。

5. 专业性：报刊的专业倾向是否符合发布信息的要求，调查目的是预测信息传播的专业导向。

总之，利用报刊传达广告信息，必须首先对各种报刊的内容、发行量、读者层、信誉度、专业性加以详尽了解，然后决定选取哪一种报纸作为广告媒体加以发布，使之行之有效、准确无误地将广告信息传达给目标市场，产生良好宣传效果。

二、报纸杂志广告策划

报纸杂志广告策划是一项单体广告策划。它主要是通过报纸杂志广告策划书，将广告策划运作的过程和内容加以规范，形成正规的提案，提供给客户，从而成为报纸杂志广告活动的依据，报纸杂志这一单体形式策划比较适合中小型企业。具体策划工作包括以下五方面内容：

（一）市场背景分析

市场背景分析可从二方面着手。一是从宏观经济的角度，针对市场形势，政策因素等，分析对产品前景和发展趋势有何影响；二是从微观经济角度，分析产品特性、消费者心理、竞争对手现状，从而为广告策划提供有力的依据。

（二）确定广告主题

确定广告主题就是确立策划对象的中心思想。这项工作要根据市场背景分析找出富有代表意义的诉求点，然后，以这一诉求点为红线，明确广告定位，使其充分体现出策划对象突出的个性优势，让人们从中感到震动和感染。

（三）广告内容

在确定了广告主题以后，依然需要对广告的具体内容作一番探讨。即以报纸和杂志广告为例，因有其自身的特点，因此，其具体内容也有所不同。必须注重各自的侧重点：报纸一般应侧重于文案的表现，杂志广告一般侧重于画面的表现。同时，两者都应注重排版要求。避免各自的缺点，力求内容生动而又鲜明。

（四）广告媒体

报纸杂志媒体的选择,应根据选择的原则和要求来确定。现在报纸杂志层出不穷,如何做到针对性、有效性,使其广告产生最佳效应,这是策划的一项非常艰巨的任务。一般来说,杂志广告多是全国性广告,零售业广告主则较重视利用报纸作广告媒介。但是选择何种杂志或报纸也是需要慎重考虑的。一旦选定某一报纸或杂志以后,则必须非常重视版页安排。

良好的时间安排将是取得成功的一半,它将有力地配合和推动销售时机,更好地树立起企业形象。广告发布的具体时间安排,一般都是根据企业销售时机来进行的。

(五)广告预算

广告预算的目的在于使其既能够控制在预算的限度内,又能预期产生良好的积极效应。一般包括设计费用、制作费用、媒体费用、机动费用等几个方面。

三、报纸杂志广告策划中注意事项

1. 注重标题设计,突出新意。
2. 借助新闻热点,引发关注。
3. 小字体用黑体,以求清晰。
4. 提供自己胶片,交于报社。
5. 插图讲究个性,力求高雅。
6. 定好具体版位,确定尺寸。
7. 忌用粗边黑框,以免忌讳。

第三节 报纸杂志广告策划范例

一、市场背景分析

(一)企业概况

上海海波房地产综合有限公司,成立于1995年8月,注册资金5000万元,是上海市水利局直属的专业综合型房产公司,该公司拥有雄厚的经济实力、技术力量和独立的开发小区,在激烈的房地产竞争中不断开拓,积累了丰富经验。

(二)宏观经济分析

市场形势分析:

目前,住宅作为新的经济增长点和新的消费热点已逐步形成,上海的住宅建设正处在高速发展时期,每年竣工住宅以20%左右速度递增,1995年竣工住宅1015.2万m^2,到1996年竣工住宅增至1230.4万m^2,1997年计划建造1400万m^2。而住房分配又处在福利型分配向货币分配过渡阶段,在这一突破口上供求关系发生了较大的变化,市场经济对住宅建设,提出了新的更高要求。

1. 高质量。这一质量概念不仅仅是施工质量,而且包括规划设计、环境设计、物业管理等整体质量。

2. 多功能。在房型和功能设计上要尽量满足现代生活的需要,要有改造和发展的可能。

3. 低成本。通过严格管理和运用新材料、新工艺等手段,使住宅的建设成本降低。过去那种房地产追逐暴利的现象将受到遏制。

现在,从房产总体情况上看,住房生产速度过快,房价过高,相应的住房分配和供应制度改革没有同步跟上,住房集中上市后造成大量积压。据了解目前上海积压住房已近600万m^2,但从总的住房需求和现状来分析,积压的住房往往是规划设计落后,房型不理想,交通不便,配套不完善,价格过高。还有一些是建筑质量和环境差劣的住房。当然住房货币化分配制度尚未真正形成这个原因也不可排斥。

从宏观的角度我们可以看到:

1. 上海市房地产开发投资依然呈增长态势,众多房地产企业对房地产业的投资依然持乐观态度,预示着房地产业是被众多开发投资企业看好的朝阳行业。

2. 上海市房地产开发投资额的增多给消化销售高品房增加了不小压力,尽管有众多的利好因素使商品房的交易量保持增长的势头,如增加银行贷款购房,逐步取消福利分房等,但毕竟是一种外部因素。商品交易市场所面临的是:楼盘上市销售超过市场购买数量。因此,在这种特定的市场下,会出现越来越多的存量住房，再加上许多不尽人意的住房问题，要保持本市房地产业持续稳定的发展，必须使商品房的开发销售维持在一个良性的循环之中。而楼盘销售市场就是一个平衡的砝码。随着房地产开发量的不断增加，更要注重于楼盘的市场销售。目前，显示独特个性的房产不多，并且目标市场不够明确。因此，良好的销售策划就显得越来越重要。

（三）微观经济分析

1. 产品分析：产品内涵分析

产品地段分析：地处徐汇区龙华旅游城中，拥有极大市场号召力和升值潜力，是上海目前最具发展潜力的地段。

产品价格分析：3980 元/m^2 基价开盘，以低于同类地段房产价格，有利于赢得市场份额量。付款方式多样灵活。

产品品质分析：房型设计超前，符合下个世纪家庭的理念，工程一流。

2. 消费者分析：产品外涵分析

绿地环境分析：绿地占有率达 45%，公共设施完备，漫步花苑，让人充满绿色文化的气息和情调。

交通状况分析：龙华自古以来就是交通要道，四通八达。本地段可谓交通畅通无阻，地铁、高架、公交应有尽有。

物业管理分析：物业管理体制由房产公司自行经营，实行全方位、全天候的巡回服务，让人感到安全、周到、规范。

（四）竞争对手分析：

1. 就徐汇区房产来看，目前供内销使用的房源就有 31 处，龙华附近就有数家，竞争压力较大。比如，明佳园以超低价 3966 元开盘，引发明佳园热。

2. 从房产广告竞争来看，上海目前房产的广告投入是相当可观的，仅以《新民晚报》为例，每天的房产广告平均在 15 条左右，不过房产广告的制作和创意水平比较低，创新的不多，这为新的广告推广提供了契机。

二、确定广告主题

根据对市场背景的分析，上海房市是在艰难的消化盘整中向前发展，销售市场是一个买方市场，购买者具有充分比较挑选的余地，地段、社区环境、配套、房型设计、付款方式、物业管理等等都成为购房者仔细加以比较研究的因素。因此，如何来吸引顾客，不仅仅在于自身的客观条件，更重要的在于如何突出自身的优势和个性，吆喝出购买者的心声。

通过广告主题的提炼，以及鲜明的广告定位，以两大主题展开有力的宣传攻势。

第一主题：根据海波房地产地处上海徐汇区第二中心——龙华旅游城中，良好的特殊位置，以"风水宝地何处寻"，着重渲染其地理位置的不可代替性。同时强调海波房地产这一宝地中现代桃花源的生活方式，"旅游城中桃花源，安居乐业好地方"，体现恬静、悠闲、淡泊、雅致的生活情趣，昭示出淡泊以明志，宁静以致远的哲学思想，是一个心灵和体力暂栖的港湾，是古代梦想的天堂在现代生活中的再现。通过这一主题宣传，提高花苑所蕴含的文化内涵和地理价值。

第二主题：针对房产市场普遍存在的购买者买房不放心这一最大问题，提出"用心创造家园"的经营理念，树立良好的企业品牌形象，"倡导居住文化，提高生活质量"，对购买人以诚相待，以情动人，率先向社会作出一个惊人的承诺：无条件退房。

三、广告步骤

本房产销售战略的意图是以独特的个性优势和吆喝出购买人心声的形式来创造市场消费热点，引发市场的关注，以新颖的创意来达到销售的目的。

第一阶段：这一阶段将是策划能否成功的关键所在，它将直接关系到物业品牌树立的成败，并对物业的销售产生深远影响。因此，这一阶段的广告应将两大主题同时表现出来。广告版面设计以朴实为主，重在文案设计。所有文字必须极具真实性与诱惑力。媒体将选择《解放日报》和《新民晚报》等发行量大的报纸，以不少于1/4通栏的篇幅和每两周不少于一次的频率发布，配合新闻宣传，以达到预期的宣传效果。

第二阶段：继续以两大主题作为宣传红线，同时，配合"龙华风水导游"的活动,增强购买人的信心。广告版面设计延续第一阶段模式,穿插于"龙华风水导游"活动之中,以"如此好风水,上海何处寻"为副题,使购房者有一种紧迫感,促使其购买冲动。

媒体将继续选择《解放日报》和《新民晚报》,以不少于1/4通栏的篇幅和每周不少于一次的频率发布,配合新闻宣传,达到销售目的。

四、广告预算(表8-4)

广告预算　　　　　　　　表8-4

时间＼媒体	解放日报	新民晚报	总　额
第一阶段	1/3版~4个　24万	1/4版~4个　16万	40万
第二阶段	1/3版~4个　24万	1/4版~4个　16万	40万
促销活动费	20万		20万
合　计			100万

第九章 CM 广告策划

第一节 CM 广告策划概述

CM 是 Commercial Message 的缩写。是指由电视及广播所传达的各种广告信息。CM 最重要的作用是让受者印象深刻。由于它能通过动态的映像、说话声音、音乐，使人视觉、听觉受到刺激，产生感性觉悟，继而加深印象，造成记忆。

一、CM 构成要素

CM 构成有三要素：映像、声音、时间。

映像部分国籍、年龄，是最容易沟通的一种工具。现代社会可以说是映像时代，如何给观众以敏锐感觉显得极为重要。只有使画面充满吸引力，才能拥有最强的沟通能力。

声音：声音有语言、音乐、音效之分，三者由于时间限制，因此选择和表达要注意精简和协调。语言要组合适当，朗朗上口。音乐要有助于让人记住 CM 的映像、对白和商品名称。音效要使画面达到高潮，强化记忆。

时间：在 CM 流程中，如何在短暂的时间内把广告信息表达完善，使画面、音乐、语言、音效恰到好处地配合起来，在相互烘托中，使人记住广告的商品，这是一个特殊过程，如果时间把握不好，就会影响到 CM 整体效果。

二、CM 分类

（一）按播放方式分类

可分为节目 CM、插播 CM。

节目 CM：即由广告主提供一个节目，然后在一定时间内播放公司的 CM。

插播 CM：即在节目与节目间或在节目中间播放广告，电台把这段时间买给广告主或广告公司。

（二）按制作来分类

可分为 Film 广告（CF），现场制作 CM，录影带广告，幻灯片广告，广播电台广告。

Film 广告。运用拍摄电影的手法来表现广告，它用电影摄像机拍出的胶片广告是最常见的 CM，即为 CF，先使用 35mm 胶片拍摄，再缩成 16mm 放到电台播放。

录影带广告。运用电视摄像机拍出的磁带广告，比起 CF 拍摄所花时间较短，成本较低，但效果不如胶片广告好。

幻灯片 CM。先在幻灯片上制作成商品信息，然后利用特殊工具投影到电视画面。比起前面制作方法来更省时，更便宜，但效果更逊色。

现场制作。电波媒体最大特点是播出的同时就能收到。前面三种制作方法都是先制作好后再决定播出时间，现场制作则是从制作 CM 的现场立即传送到每个家庭或受众。

广播电台。广播电台通过声音来传播信息，一般在广播节目中插播商品信息。广播电台一般分为立体声型和普通声型。它的缺陷是没有电视视听效果强烈。

（三）按目的分类

可分为商品 CM，企业 CM，公益 CM。

商品 CM：为促销某种商品，增进其销售的 CM。

企业 CM：为提高企业知名度，增强企业形象的 CM。

公益 CM：为呼吁社会大众提高对公共事业的关心的 CM。

第二节　CM 广告策划

一、寻找主题

1. 了解企业：了解企业在社会上担当的角色，以何种理念制造商品，应掌握企业的历史及其社会上的地位、发言权、业绩、PR活动及广告活动，还可通过调查资料，了解公众对企业是抱着何种态度。

2．了解产品：将产品要素加以分析，大致可分成材料、成分、品质、构造、性能、设计、包装、商标、色、香、味、声、触觉、耐久性、舒适性、造型、尺寸、用途、价格等。了解上述产品特性后，再和其它产品比较，以便彻底了解产品的优点及缺点。

3．了解市场：即了解竞争厂商的情形和销售渠道、方法及服务水平：（1）竞争厂商有哪些不同的竞争产品，其市场占有率是多少。有时竞争产品并不只限于相同的产品，应深入了解其有关产品在生活中的特殊作用，以获取客观的事实；（2）了解销售，从销售渠道、方法及服务中或许可以寻找产品潜在的魅力。

了解顾客：什么样的人会买这些产品，也即掌握广告的诉求对象，是男是女、年龄、职业、收入、教育程度以及心理因素。将产品与销售者的关系弄明白后，CM策划中要表现哪一项特点，要传达什么给消费者就一清二楚了。

二、设定

在选择信息的时候是策划人最能发挥想象的时候，他根据丰富的感性、待人处事的态度和价值观进行多方面思考。思考到最后会有一个综合的想法，即"最重要的……，理由是……"这就是设定概念。

主题决定之后，便进入How的阶段，即寻找广告创意阶段，找到一个好创意，广告表现即已成功了大部分。好的创意的形成，依赖于以下五点：

1．活用可促进想象力的触媒；

2．试试各种表现方式；

3．想到的点子全提出来；

4．想到的点子立刻记下来；

5．乍看好像无关的东西，也试着联想看看。

但是，好的创意，如果缺乏吸引观众的表现方法，CM的力量就不能充分发挥出来。CM表现的形式多种多样，关键在于切合特定的产品特点，生动而形象地映入消费者眼里，产生心动后再继以而行动。

CM 的表现形式，一般包括说明型、实证型、名人型、日常生活型、虚构型、证言型、比较型、印象型、象征型、奇景型、特殊摄影型、广告歌曲型、幽默型等。

电台 CM 的表现形式一般包括单刀直入型、对话型、相声型、讨论型、即兴型、访问型、使用音效的音乐型、戏剧型、广告歌曲型等。

三、CM 制作

CM 制作的成功与否在于拍摄前的准备工作是否完善，在摄影准备过程中即使是些微小的失误都会导致失败，无法前进。因此，需要有详尽的计划，使所有的工作人员彻底了解 CM 意图，集众人之智慧，不断检讨实际的制作方法。

CM 制作主要工作有：

1. 选定制作公司。制作公司规模有大有小，各有特色，选择时要了解制作公司特色，可以从公司的作品集及合作过的顾客意见中获知其是否适合。

2. 确定制片。指在制片过程中的总负责人，在正确理解策划内容的基础上，组成适合的工作群，估计制作预算，排定制作计划表。好的制片能以较少的预算拍出高品质的作品。

3. 确定导演。导演应全力贯注于实现策划的意图，作品的好坏，顺利完成与否，全靠导演的水平和技能。作品质的方面，导演负的责任最大。因此，一个好导演必须知道有关摄影及音效，应具有敏锐的捕捉美的能力。

4. 完成演出脚本。导演将策划脚本修改成适合演出的具体脚本，称为演出脚本。具体工作有：(1) 扩充，即具体化，提出摄影、旁白等实务该如何进行，并不能超出预算；(2) 制作作业必须有具体设计图，影片的规格、照明、演员的动作、化妆、外景都能反映出来。

5. 广告影片演员选定。通常是以模特儿面试和试镜的效果来决定适当的人选，一般需要考虑的是：(1) 演员的形象是否符合策划要求的演员，或是否符合企业形象的演员；（2）演员是否拍过广告影片；（3）演员演出费用是否合理。

6. 摄影师的选定。摄影师将决定最具效果的摄影角度、规格及各镜头的拍摄次序及色彩。因此，摄影师的专业知识水平，捕捉美的敏锐感觉及掌握拍摄主题的能力是摄影的关键所在。

7. 照明配合。广告影片中光电效果很重要。照明不同所拍摄出的画面给人的印象也大相径庭。因此，照明必须和摄影有效组合起来，使光线照射的对象表现出固有的美感，呈现出鲜明的质感和量感。

8. 执行制片。负责各部门（演员、摄影、照明、美术、剪辑、录音、冲印、电脑处理）工作顺利进行，保证制片及时完成及有关事务工作。执行制片的好坏，将直接影响各部门工作人员的效率和士气。

9. 工作人员会议。为使拍摄顺利进行，让全体工作人员了解并接受策划意图和演出概念以及制作过程中的细节，这是工作人员会议的目的。

10. 制片费用估算。演出脚本完成后，应根据实际需要估算出制作费用，制订预算表。

11. 摄影阶段。全体工作人员在各自搞好本岗位工作基础上，服从指挥，通力协作，互相配合，互相激励，努力使作品达到最高水平。

12. 映像特殊效果。主要有三类：（1）依据摄影机速度的变化创造特殊效果，包括逐格摄影、卡通式快动作、慢动作、微速度摄影、逆回转摄影；（2）依镜头创造特殊效果，包括变焦镜头、鱼眼镜头、特定镜头、多重摄影镜头、细管镜头；（3）依冲洗技巧创造效果，通过原始底片加工后，可产生许多不同的效果。

13. 毛片试映。毛片经剪接配音后，即进入试映阶段。所谓试映即指将声带与毛片同步放映，以观其效果。目的是了解商品色彩、形状有无达到期望值，商品的处理方式正确不正确，导演、摄影等有无掌握主题，演员动作是否合理等。

14. 毛片剪辑。剪辑与剪接不同，剪接是将毛片正式剪接并决定放映时间（15s、30s、60s）；剪辑重点则放在各镜头的转接、速度节奏上以及演员动作的顺畅连接等方面。

15．录音。录音一般包括音乐录音和旁白录音及其合成。音乐录音一般有歌曲和旁白的背景音乐；旁白录音即传达商品信息给视听者；合成就是使效果音与画面同步，亦即把声音和画面套准。

16．根据毛片剪辑及光学操作后的底片与声带底片套片后，即印出的拷贝（Copy）经过广告主认可后，就可交影视公司放映。

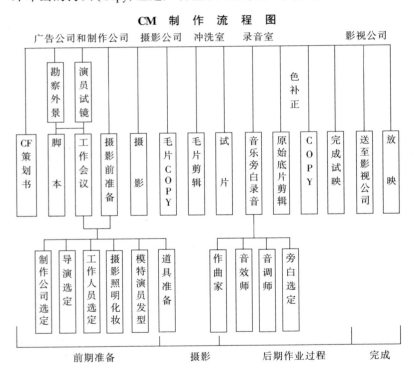

CM 制作流程图

第三节　CM广告策划范例

一、市场因素

飞利浦灯具公司是飞利浦电子公司所属企业，专业生产灯具产品。其中长寿命方形灯泡是其特色产品，如何使其产品在激烈竞争的上海市场上占有主动地位，赢得成功，这对 CM 策划是一个严峻的挑战。

目前，有两类灯具市场，一类是普通型灯具市场，一类是装饰化灯具市场。飞利浦公司推出的长寿命方形灯泡，主要面向普通型市场。目前，普通型市场灯具造型都比较单一化，寿命都比较短暂，很长时间基本没有突破性的革命。故此，由于其性能普通，往往被人们忽视。

经过各家商店对主要商贸人员调查访问、灯具市场展销、消费者心理调查，揭示了该产品存在的优势和劣势。

优势：

1. 更长的使用寿命是消费者购买灯泡时对产品特性的主要要求。

2. 飞利浦灯具公司拥有能使其产品区别于其他灯具的独特造型设计——方形。

劣势：

1. 灯具是低利润、低参与性产品。只有灯泡爆了，人们才会想起它。

2. 飞利浦的品牌形象虽已牢牢生根，但飞利浦的灯具实际上却默默无闻。

二、创意设定

根据调查的结果，创意策划设定如下：

1. 提高消费者兴趣和参与性。

2. 树立飞利浦是一家大照明公司的形象。

3. 以合理的价格满足消费者对更长寿命灯泡的需求。

三、创意内容

创意一：电梯中的尴尬

在一座五星级宾馆的电梯中，一个男子正羡慕地看着他的同乘者——一位高挑的金发女郎，男子向她殷勤地打招呼，却受到了冷遇，于是埋头看报纸，没有注意到她已走了出去，也没有注意到有位彪形大汉走进电梯。这时突然灯泡爆了，前位男子又说："你长得真漂亮，让人着迷！"。

"您想再说一遍吗？"彪形大汉出人意料地粗声回答。

创意二：吸尘器的威力

在一个豪华富丽的客厅中，一个美丽的家庭主妇，操作吸尘器正在地毯上吸尘。客厅中三只可爱的小猫正在舒适地睡在地毯中央，突然灯"啪"一下灭了，这时，三只小猫尖叫起来，只听到有什么沉重的东西被吸尘器吸进去的声音。

创意三：恋人之夜

在一座森林中有一间木屋，有一对恋人正在这里渡假。深夜，外面传来奇怪而恐怖的声音，他们开始担心是否是怪物的声音。这时，灯还亮着，他们还能克服恐惧心理。突然，灯"啪"地灭了，"快跑！"他们尖叫起来。

以上三个广告创意结尾都以一个旋转的飞利浦灯泡和结束语是"灯泡该换了"作为结束。

第十章　户外广告策划

第一节　户外广告策划概述

户外广告是指在露天或公共场所所做的广告,主要包括户外灯光广告、户外油漆广告、车船广告等。

一、户外广告策划的主要目的

户外广告策划由于宣传的角度不同,侧重点也有所不同,但不外乎两个方面:一是侧重企业形象的宣传,通过企业形象宣传以带动商品形象;另一是侧重商品形象的宣传,通过商品形象的宣传以带动企业形象。

二、户外广告策划的地理环境分析

户外广告策划的最大特点是应该注重分析和比较地理环境,通过环境选择实现一定的到达率和暴露度。户外广告宣传效果是好是坏,关键在于地理环境位置,这直接关系到广告所产生的社会效益和经济效益。因此,从事户外广告必须对所处的地理环境进行调查分析,然后决定是否参与。一般调查分析,主要包括路线分析、位置分析、视觉分析和预算分析(代价分析)。

(一) 路线分析

针对户外广告的主要交通干线进行市场路线分析,以确定户外广告的必要性。主要内容包括车辆资料、固定人口与流动人口资料、人流的层次资料等。

(二) 位置分析

位置分析主要是针对要做户外广告的地理环境进行调查分析,以便选择户外广告的最佳宣传角度和设置地点。主要包括地段的发展情况、地段的商业地位、位置的可视度、地段的发布量。

(三) 视觉分析

分析户外广告的视觉范围，进一步考虑广告要做成多少大小，多少高度，什么角度，才能够满足人们的视觉要求而引起受众注意。

(四) 预算分析

户外广告在广告预算中所占资金比例是多少，以便在比较选择中研究是否值得做这些户外广告。

三、户外广告策划的功能

1. 提高或维持广告商品的知名度。充分利用这种大众化的传播形式，使广告信息为普通大众所知晓，达到预定的到达率和暴露频率。

2. 促进和刺激广告商品的销售热情，同时结合报纸杂志、广播电视的宣传作用，发挥广告综合宣传力度，使市场保持良好的广告气势、广告意识流。

3. 维持广告宣传势头持续不衰，不断提醒人们回忆起广告商品，促使消费者能够记住商品信息并留下美好的印象。

四、户外广告策划的衡量标准

(一) 诉求有力、个性新奇

竭力找出商品或企业中最有代表性、最有影响力、最有突出的个性，以一种强有力的视觉冲击，从众多广告中形成明显的"抢眼效果"。

(二) 主题鲜明、印象良好

必须充分考虑以一种什么样的吸引人的主题进行宣传，然后以特殊的形象传达给受众，形成一贯的大众公认的形象，深入人心，给人以美感，美的享受。

(三) 简明扼要、瞬间理解

设计要尽可能地用最鲜明直接的手法，但又不失其独有魅力的手法来传递广告信息，使人们在眼光瞬间流动中给予注意得到理解。

第二节　户外广告策划

户外广告策划一般来说先是由广告公司在主要交通干线上进行，所以户外广告策划应从二个角度进行：一是户外广告的载体策划，即确定载体媒介，通常由广告主选择决定使用何种户外媒体。户外广告载体策划，一般由买断载体的广告公司承担。二是户外广告平面策划，即在选定的载体上设计布置广告，一般由广告主自行或委托广告公司承担策划。

一、户外广告载体策划

（一）设计依据

户外广告设计要以市政管理部门对交通、地区灯光管理、广告总体规划的精神以及户外广告设计任务书为依据，在广告策划过程中，必须严格按照整体效果进行策划，使策划符合总体要求。

（二）设计地域

明确设计的地段，即地理位置，只有充分了解设计的地理位置，才能结合这一地段的特点进行创新设计。

（三）设计说明

说明设计的立意、构思内容、工艺流程、材料运用、配电设施，通过这些阐明设计的意图、构思的根据以及如何进行实际操作等具体要求，使这一策划既有理论性又有可行性。

（四）资金概算

对某一地段整个户外广告载体进行综合性财务核算，包括基础设施费用、载体制造费用、其他费用等。

（五）技术经济指标

在设计过程中应充分掌握一些主要的技术经济指标，包括灯箱尺寸、主竿高度、广告带间距、广告带长度及其费用的多少。

二、户外广告平面策划

（一）策划载体选定

在决定要做户外广告以前，先要选择好户外广告的载体，载体的选定应对载体所处的地理环境和交通人流状况等因素进行分析，然后确定在何处、何种户外载体承接何等户外广告，从而使户外广告策划建立在良好的基础之上。

（二）设计主题明确

户外广告宣传设计应根据企业的形象要求进行分析，以取得最大效果，这就需要明确宣传主题，是以产品宣传为主，还是以企业形象宣传为主。

（三）广告内容

在确定主题以后，应根据户外广告的特性，提出户外广告实施方案、表现形式以及规格要求，使之以简洁亮丽的广告效应，引起社会的共鸣和呼应。

（四）广告时间安排

户外广告宣传因产品的特性或企业形象要求，有其时间性，一般来说，产品宣传为达到促销目的，短期行为较多；从企业形象宣传来看，长期行为较多。所以，在安排时间上应视分析的结果而定。

（五）广告预算

户外广告应根据确定的载体进行核算，明确设计费用、制作费用以及载体费用，使户外广告的发布建立在合理的整体广告预算机制上，使之合理化和科学化。

第三节　户外广告策划范例

浦东张杨路户外广告造型设计方案

一、设计依据

1. 浦东新区管委会对陆家嘴金融贸易中心灯光广告总体规划精神。

2. 浦东新区园林绿化集团公司绿地广告公司室外广告设计任务书。

二、设计地域

浦东张杨路（八佰伴—汤臣广场地段）三条隔离带。

第一条隔离带：（八佰伴旁）长 126m，宽 1.5m。
第二条隔离带：长 400m，宽 1.3m。
第三条隔离带：长 217m，宽 2.0m。

三、设计说明

（一）立意

浦东张杨路三条隔离带的设计不仅要与陆家嘴金融贸易中心灯光总体规划呼应起来，而且要和两边特色鲜明的现代经典群楼融合起来，做到创新、美观、海派、协调，衬托出这段富有特殊意义的商住繁华街区所应有的魅力。

（二）构思

这是三段狭长的隔离带，贯穿浦东新区最繁华的街区。具有非凡意义。在这一繁华热闹的街区，白天应是引人注目的景点，夜间应是运用灯光创造出一种和谐的繁荣景象。

构思内容：

1. 单体经典构思：经典楼盘配以经典广告，体现其地段的地位及价值，主杆挺拔、简洁；金黄的弧线，舒展优美；丰富的细部、红与黄的直线富有现代感，现代与古典的交融，充满联想，精致的灯光连成一片，夜间气势不凡。造型的别具一格，都赋予了这一特殊地段经典广告的丰富内涵。

2. 衬托繁华构思：在喧闹繁华的街区，白天给人一种鲜明亮丽的感觉，夜间每一单体之顶，配以灯光亮起，800m 隔离带形成一条灯光长龙，蔚为壮观。

3. 新颖美感构思：不抱于一种抽象单体设计，而是富有创造性地走出了单体设计的框架，以三种和谐统一的组合单体，形成 800m 的整体效果，既有区别，又有联系，使人感到具有丰富的内容，并且配合许多细部设计，给人一种富有美感的想象空间。

4. 视觉整体构思：作为一条繁华道路上的隔离带设计，要求既要引起川流不息的车辆内人员的注意，又要引起道路两旁商业街区步行人流的兴趣，让其清晰可见。这就需要广告高度不能太低或太高。太低，马路上奔驰的车辆会遮挡住商业街区人流的视线；太高，对于车辆内人员的视线感觉欠佳，因此，灯箱高度一般采用2.5～3m以内，主杆延伸至4.5m，同时设计应考虑到整体效应。因此，每一单体距离一般保持15m，给人以一种舒畅的美好感觉，以免造成太近、拥挤，缺乏空间享受感。

5．少占绿地构思：这段800m隔离带是一条绿带，绿色对繁华街区具有特殊重要意义，因此，设计的广告必须严格控制占用绿地的面积。基于这点考虑，每个广告都有以一根主杆为主体，使灯箱广告在空间展开，配以合理结构，营造空间美感。

6．低成本构思：室外广告的主体是广告，广告架的材料不应昂贵，只需以优美的姿态衬托起广告，引人入胜即可。因此，广告主要采用铁杆及铁制品成型，配以先进的工艺涂料，灯箱外包材料主要运用铝材。

7．操作可行性构思：基于这段隔离带两旁高楼林立，风谷效应明显，因此以一根主杆支撑双体，并用细节加以巩固。广告架由少数几种构件组成，便于生产，以降低成本。现场只需铆接或焊接即可，操作方便，不至于在施工过程中过多影响交通。

（三）工艺

本灯箱总成除保留现有大众化作品主要特点外，采用多种新工艺、新技术：

1．将原有的单一色泽改为亮丽的色彩（根据要求指定），同时确保风吹雨淋永不生锈的特点。工艺措施：将非不锈钢部分先进行化学钝化处理，再进行彩色喷塑处理。

2．通过专门制造的机械及模具工装等保证措施，代替传统手工措施，使整个灯箱从局部到整体都看不出明显的加工痕迹。精细规划，整齐划一。

3．增添异形花样框架，曲线优美流畅。在制造工艺上，首先将实心型材特制成锥形异型材，而后与管形型材拼接焊牢，再进行抛光处理，最后通过物制模具（多套）弯制而成，最后按设计方案进行特殊电镀或喷塑处理。

（四）材料

主要材料是不锈钢管材、薄板、普通管材、板材以及特种铝合金型材、石英浮法平板玻璃、飞利浦长寿命节能灯具、电线、电缆等。

（五）用电量

附近设一小型变配电间，独立高压电源至变配电间，采用末端自切方式安全供电。

装机容量：5~7kW

电源要求：220V，50Hz

四、资金概算

1．每一单体投资 2.5~3 万元，拟设立 50 个单体，总投资 125~150 万元。

2．设立变配电间，供电估算 50 万元。

五、技术经济指标

室外广告带长度：800m

室外广告带间距：15m

主杆高度：4.5m

灯箱高度：1.5~3m

灯箱尺寸：

矩形：900×1500（mm^2）

方形：1100×1100（mm^2）

圆形：$d = 1100$（mm）

第十一章 POP广告策划

第一节 POP广告概述

POP广告起源于美国,近年来随着行销方式多元化,适应快速经济的POP正逐渐受到国内商店经营者的重视。节庆需要它,拍卖需要它,店面布置也需要它。那么,到底POP是指什么呢?

所谓POP是Point of Purchase的缩写,即店面广告。凡在购物场所内外所作的各式各样的广告均为POP广告。由于它直接与消费者见面,具有最直接、最有效的宣传作用,所以,POP广告已成为一种时代流行走向。虽然它不具备其它媒体所具有的实体,但却是最能适应环境变化的一种促销媒体,速度快,变化多,具有无穷的创造性,是店中最有弹性的优秀"推销员"。其特点是:

1. 机动性强。
2. 信息传达强。
3. 低成本制作。
4. 适合短期促销活动。

一、POP广告功能

(一)对消费者的功能

1. 告知新产品发售时间与商品的内容、价格。
2. 告知消费者商品的特性与使用方法。
3. 引起消费者购物兴趣,购买冲动从而实现消费。
4. 使消费者认识商品并记住品牌。

5. 帮助消费者选择适合的商品并加以比较。

（二）对商店的功能

1. 能够营造自由选择商品的轻松舒畅气氛，使消费者和商店之间产生良好的互动关系。

2. 促进消费者注视，产生购买行为进而提高营业额。

3. 能够随时配合时令、节庆、促销推出POP，使消费者对商店留下美好的印象。

4. 能够及时发布新产品信息，节省宣传费用。

5. 能够代替店员说明商品使用方法、优点所在，比店员介绍更规范且更具有说服力。

（三）对厂方的功能

1. 能够充分利用POP的媒体特性，在店面空间宣传产品、新品、价格、优点、使用方法等。

2. 能够使商店产生兴趣，促进商店销售积极性。

3. 能够协助商店引起消费者的认同和购买动机。

4. 能够通过商店使企业形象深入人心。

二、POP广告体系

POP体系主要由制作体系、推荐促销体系、展示体系三部分组成。

（一）设计制作体系

POP设计制作体系包括以下内容：

1. 象征图形。

2. 直式和横式布旗。

3. 立牌（指示牌、告示牌、标价卡）。

4. 吊牌（直式吊牌、横式吊牌）。

5. 直立式展示架。

6. 各式海报。

其中POP海报设计最富有创意风格。主要包括标题、副标题、说明文、插图、商品名称、价格、标语、饰框等几个部分。

（二）推荐促销体系

POP广告是SP（促销活动）展开的要素之一。POP设计必须依据促销活动来进行。所以，推荐恰到好处的促销活动是相当必要的。

推荐促销活动一般包括：文化活动、体育活动、赠券、样品、试用品、加值包、比赛游戏、猜谜、抽奖、赠品、继续购买奖励、礼品、退款券、折价券、特价及打折。这些促销活动可以配合时令节庆进行，也可独立举行。

（三）展示体系

POP 主要特点就是能够更快地掌握消费趋势，促使消费者对产品的理解与认知进而产生购买行为。POP 展示就是要把 POP 这一主要特点充分地表现出来，根据商店的环境布局、路线走向，醒目地、巧妙地展现在消费者眼前，达到 POP 整体广告效果。展示体系主要包括：

1. 店门招引展示；
2. 天花板垂吊；
3. 橱窗展示；
4. 地面展示；
5. 壁面展示；
6. 柜台展示。

第二节　POP 广告策划

一、POP 广告立案

POP 广告立案首先是从店头调查开始的，以现场调查和商品资料为基础，结合本身体验观察得来的资料，进行推荐促销活动。POP 广告的目的是引起消费者购买行为，如果没有实际的促销活动，再好的 POP 广告都是空洞的。在众多促销方案中选择出最具效果的促销方式，然后选定关键语和视觉传达方式，运用灵活多变的色彩、形状，使 POP 广告推动促销活动成功。

二、POP 广告设计

POP 广告最重要的创作指导思想是"卖场把握"，因为卖场随着消费者、季节、商品等时时刻刻在变化，所以必须先掌握卖场状况，才能进入实际POP广告创作。在创作过程中，POP的设计与平面广告上的设计、编排、构成没有多大的区别，将插图、文字、照片及活动内容，依重点、大小、构图、排列组合等方式予以整体设计，从而形成富有特色的创意风格，为了达到整体设计的美观，POP广告设计应注意：

1. 诉求内容要明确、真实地传达想要表达的主题。
2. 考虑美感花俏的同时，不能忽略重点的突出。

三、材质选择，规格应用

POP创作，不仅要考虑色彩的应用，而且也要考虑到规格、材料及新技术选择的应用。POP的材料不只是用纸做的，其素材很多，如塑胶、金属、木材等。其形状更是千变万化。同时，在创作时应考虑什么样的规格尺寸最适合环境布置。

四、费用、数量

POP创作应计算费用。这不仅是设计费用，还包括制作数量费用。力求做到在整个广告预算的范围内有效地使用费用。

五、期限

POP广告一般都是与总体广告活动配合行动的。通常在一定时间内进行，所以，POP广告制作有着严格的时间限制，但是在这时间限制中不能因为赶时间而不加深思熟虑，更不能草率从事，而要充分准备，制订计划，使POP广告能按时展示出来。

第三节　POP广告策划范例

前　言

大乡利流动商业有限公司是上海唯一注册的集百货、饮食为一体的流动性商业。主要方式是以流动车为主体流动于上海各街区、广场，为广大市民和中外友人提供简捷方便、价廉物美的服务。

一、广告主题——大乡利隆重登陆行动

根据市场分析和大乡利流动的特征，我们在大乡利隆重登陆

行动中分成二支"特别登陆部队",一支以餐饮流动车为主体,以 2~3 辆车为编队,推出大众化的"水果系列彩饼",打出向卡路里挑战,喝出明天的健康的口号,以赢得广大群众青年男女和少年儿童的喜爱。一支以百货热烈大拍卖流动车为主体,仍以 2~3 辆车为编队,每队以一个鲜明主题为号召。例如以流行服装为主题——穿出你的个性,也可以以孩子为对象,把希望送给孩子,也可以以中老年为对象——年纪大,更洒脱。

两队的隆重推出,必须营造一种抢眼的声势,有计划、有步骤挺进上海滩,努力成为市民视觉和议论的焦点。所以,POP 的设计必须以"热烈、人情、奔放、招引"为目标,让人们感到一股从街区和广场袭来的冲动波,为社会带来一种全新的消费观念。

二、大乡利 POP 设计体系

1. 大乡利象征图形。
2. 大乡利直式和横式布旗。
3. 大乡利立牌(指示牌、告示牌、标价卡)。
4. 大乡利吊牌(直式吊牌、横式吊牌)。
5. 大乡利直立式展示架。
6. 大乡利各式海报。

三、推荐促销活动

餐饮流动车推荐促销活动:

大乡利"水果彩饼"品尝大赠送,以新口味带动饮食潮流。

百货流动车推荐促销活动:

大乡利衣文化大行动,以流行服饰带动个性服饰。

奖品统一设置,分级赠送。有大乡利吉祥物、大乡利文化包、大乡利礼品盒、大乡利文化衫、大乡利太阳镜、大乡利汽球、大乡利雨伞。

四、大乡利 POP 广告预算(表 11-1)

大乡利POP广告预算

表 11-1

类　型	种　　类	数　　量	预　算　（元）
POP 要　素	印刷品象征图形	1000	3000
	印刷品海报	1000	3000
	直、横式布旗	1000	5000
POP 要　素	各类立牌	1000	5000
	各类吊牌	1000	5000
	展　示　架	200	5000
促　销	羊绒吉祥物	10000	30000
	文　化　包	10000	70000
	文具用品	10000	30000
	文　化　衫	10000	8000
	太　阳　帽	10000	12000
	气　　球	10000	5000
	雨　伞	10000	30000
其　他	交　际　费	20000	
	其　　他	10000	
合　计		178000	

第十二章 直邮广告策划

第一节 直邮广告概述

直邮广告,是指所有通过国家邮政或传递公司直接送给选定对象的广告方式。

不论是小公司还是大公司,其广告计划中几乎总是有直邮广告,并且随着公司发展,会继续采用这一形式。其原因很清楚,两点间的最短路线是直线。在所有传媒中,直邮为到达潜在顾客提供了"最短路线"。

直邮是一种高效且经济的销售和促销媒体。因此,它被广泛运用于零售、商业和各类工业公司,运用于慈善和服务机构,以及个人。

一、直邮的优点

(一)选择性

直邮使广告主能自主选择想要传播的目标顾客,只寄给这些主要目标顾客——那些最有可能购买产品或服务的人——能使广告主节省成本,增加利润。

例如,你想向专业画家作 10 加仑绘图压气机的广告,你一般不会选择电视。电视的范围太大,你毫无必要地为所有的观众付钱。但只要得到一张专业画家的名单,直接把广告寄去,你就能更有效地到达目标顾客,以降低成本,得到更大收益。

(二)范围性

多数大众传媒受其读者、观众或听众的限制。例如,不是所有观众在同一时间调到同一频道看广告,并非所有人在一则广告登载的那一天订阅报纸并看报，但事实上每个家庭都有报箱，通过直邮，广告主可对某一地区的家庭宣传达到100％的覆盖率，可以毫不夸张地说，直邮可到达每一个你选择的人。

（三）可变性

直邮的形式，风格或容量很少有限制。材料和制作方法的多种多样，使直邮广告能具有独特的创意和新意，它只受广告主的独创性，广告预算的大小和国家邮政条例的限制。

直邮广告可以是一张简单的明信片或一封信，也可能是一张大的折叠宽面纸，多页的小册子，甚至装着几件东西的盒子；广告主告诉目标顾客的可能是一点，也可能包括了解一件复杂产品的所有详细资料。另外，广告主制作并发送直邮广告所需时间，比其它大众传媒要快得多。所以当广告传播速度十分重要时，通常考虑直邮。

（四）可控性

直邮广告主对广告发行和质量可严格控制。对大广告主，如百货连销店，事先印刷的直邮广告可以控制广告质量、效果及所有分店的广告量。相反，如果一个零售组织在5家不同的报纸上进行连锁广告运动，它很可能碰到在印刷质量，版面位置和读者反应等方面有很大的差别，难以对诸事项一一严格控制。

（五）个性化

直邮可根据特定读者的需要和理想，使表达更加个性化。但个性化要建立在良好的判断力和谨慎性上，否则往往会适得其反。同时，直邮的个性化还体现在私密性上，不为竞争者所知晓。

（六）排它性

当目标顾客打开邮箱，并拿出一张直邮广告时，受竞争性的干扰是最小的。相反，一本杂志，有许多抢眼的广告和文章、故事和插图，这些干扰减少了读者对某一则广告的专注性。

（七）反馈性

直邮通常比其它媒体得到的每千人反馈比例要高。通过直邮，衡量结果变得很容易。根据约略估计，直邮广告在头一周会收到15%的回馈,因此,能马上知道这一活动是否成功。

直邮广告主通常在决定最后的形式和内容以前,可使用两种或更多种不同的测试方法检验其效果。

二、直邮广告的缺点

(一)每张广告的高成本

在所有主要传媒中,直邮广告的每千人成本最高。由于邮资不断提高,印刷费用上涨,特别是全彩页,单张广告的制作、印刷和邮递准备的费用不可能少于1000元/千张,更多的情况是超出这个指标。

(二)缺乏内容支持

杂志广告拥有读者应归功于其前后的文章、故事和插图。相反地,直邮广告是独立存在的,不能借助其它东西帮助抓住读者的兴趣。它还必须有可能在一天内同时到达的一堆其它直邮广告中更为出众。因此,直邮的构思、写作和制作需非常用心,要想成功,它必须结合强大的语言和非语言的吸引力,以引人注目的版面设计和精良制作的形式表现出来。

(三)抵触态度

许多消费者可能对他们认为的"信箱垃圾"存有反感,因此,很自然地会把信箱中"多余的"直邮广告扔进垃圾筒,或至少对"飞来的"广告疑虑重重。如果要使用这种广告媒体,这些因素要充分考虑到。

三、直邮广告类型

(1)信邮广告 信邮广告是直邮的最普遍形式。在邮寄中通常附上小册子、价目表或回折和信封。为了能使其产生良好效果,信邮应根据特定销售环境和对象加以全面考虑,缜密创意。

(2)卡片广告 这是一种直接了当的通信形式,简单经济,阅读方便,通常用来宣布促销、减价或其它增加客流量的方式。

(3)传单广告 典型的传单广告都是以单张形式双面印刷,有的传单采用多色套印。在商业区和公共场所和商场内由销售员发放的产品说明多属此类广告形式。

（4）折叠广告　折叠广告通常比传单大，印在厚一些的纸上，其优良的质地使其有好的印刷视觉效果。通常设计的折迭广告有照片和插图，一般是彩色的，它比多数传单广告包含更多、更详细的销售信息。它们一般是折叠的，为节约成本故不用信封。

（5）邮政广告　邮政广告通常由邮政广告公司制作，通过邮政传送系统尽可能地扩大广告信息的发放范围，增加广告信息的受传人数，以增加广告效果。

（6）产品目录广告　产品目录是一本小册子，它是提供由制造商、总经销、批发商和零售商所卖产品的名单，以及详细资料和有关照片。

第二节　直邮广告策划

一、直邮广告的对象分析

（一）对象地域分析

针对地域内直邮对象、交通条件、市场条件、收入层次等因素进行研究，从中找到直邮广告发布的依据，使直邮广告策划建立在可行的基础上。

（二）购买习惯心理分析

购买习惯一般来说有二种，一种是直接在商店挑选，一种是以邮购的方式来购买。如果直邮广告只是传递信息，促使人们去购买，那么如何抓住消费心理的兴趣点就显得十分重要，这就需要分析消费者的心理活动规律，使其见到直邮广告能被吸引，主动前往购买。如果直邮广告是以邮购为目的，那么就要抓住人们购物的乐趣。

（三）直邮对象确定

直邮对象的确定，要求根据产品的性质、特性来进行。如果是通用性产品，那么直邮对象将是广泛的。在广泛的传递前提下要有重点的顾客对象。如果是专业性产品，那么直邮对象将是针对性的,并且是比较固定的。不管是通用还是专业性产品,都必须建立顾客卡片,从中确定直邮对象或对象层次,为直邮广告信息传递创造销售机会。

二、直邮广告的类型确定

直邮广告类型比较分析主要是从未来取得的效果和直邮成本来进行对比分析,其中以未来取得效果更为重要。因此,在尚未确定直邮广告类型之前,要对产品的特点进行讨论,寻找最能适合的类型,使产品宣传取得最有效的结果。但同时也要根据广告预算量力而行,最后进行决策以求最佳方案。

三、直邮广告的主题内容

直邮广告大多数是为了促进产品的销售而进行的一种形式,如何吸引广大顾客是其首要任务。因此,直邮广告的主题是否明确,内容是否吸引人将起着决定性作用。尤其是销售方式和价格优惠,直接影响着直邮的成功与否,这就需要策划,要有特有的敏感性去感受直邮对象,以敏锐的嗅觉去捕捉诱人的广告创意,使其为人注目。

四、直邮广告的发布

直邮广告的发布一般来说都是结合促销形式来发布的,通过直邮告诉顾客特色商业信息,以引发其购买动机。因此,如何运用最新最奇的促销方式以及发布形式,并确定合适的时间,这是直邮非常关键的一环。

五、直邮广告的预算

直邮广告预算就是针对选择的直邮类型,根据发行量进行安排,一般包括直邮的设计费用、印刷费用、媒体费用和机动费用等。

第三节 直邮广告策划范例

前 言

苹果西打是香港中华食品公司的一种碳酸汽水饮料,1997

年10月开始进入上海市场。由于进入时机正好是冬季来临，因此广告策划和促销就显得较为困难。因此公司授权策划部门打响上海市场第一炮。

一、直邮广告的目的

根据冬季特点，作为饮料搞大规模促销广告活动是不合时宜的。广告的策划目的首先放在解决认知问题，然后再激发购买，为明年饮料大战铺垫。因此，考虑采用直邮广告和良好的促销手段较为合理，做到成本低效果好。

二、直邮广告对象分析

苹果西打是一种大众饮料，与可口可乐、百事可乐属同类型。特点是水果型。消费对象广泛，尤其是青少年幼儿。针对这一对象，广告的展开就应是一种游戏，以一种新奇和诱惑的感觉来招引消费者，使人们认知、认同、购买。

三、直邮广告的内容

结合促销活动，采用环中环、奖中奖营销方式，以"红色苹果运"引发市场注意。具体方法：

第一步，1997年月12月1日起，买一听西打得一张抽取大奖编号的红苹果1998年年历卡，根据卡中号码在12月25日圣诞日开头奖，奖品有29寸彩电、爱立信手机、东海586电脑、惠普打印机。同时，如果连买5听，不仅每听可获卡，还赠送礼品包、小台灯、小电风扇、洋伞。

第二步，1997年12月25日以后，凭旧卡打八折，再可换新卡，参加1998年1月15日大抽奖，同时买5听送小礼品继续举行。

四、促销活动

为了配合这次直邮广告取得成功，达到这次策划的目的，在这段时间里将举行针对性市场活动，活动有：

1. 销售网点大行动
    ——超市劲吹苹果风
2. 上海滩认知活动
    ——二十万直邮大递送

3. 十大商街齐行动

    ——掀起西打苹果热

4. 找准机构大拍送

    ——银行各类大企业

五、广告预算（表12-1）

广 告 预 算　　　　　　　　表12-1

类	别	费 用
直邮广告	直邮广告印刷	100000
直邮广告	直邮广告传送	30000
促销活动	红苹果卡	50000
促销活动	奖 品	500000
合	计	680000

第十三章　企业广告整体策划

第一节　广告整体策划概述

为什么一个精明的商人，每年要投入上百万请广告代理商为其产品做广告，为什么不用内部人员，这不是更省钱吗？

这些问题是广告初学者都有可能提出来的。解释这些问题，让人们对代理的重要性有更清楚的认识，这是十分必要的。那么我们先来说明什么是广告代理，为什么许多人要雇用他们？

一、广告代理的作用

广告代理是指由专门擅长广告计划、广告和其它促销手段的策划创意人和经营者组成的独立性机构。同时也安排和签约购买各种传媒。它代表不同的广告主和卖主，即委托人，为他们的产品和服务寻找顾客。

这一定义暗示了为什么这么多广告主雇用广告代理。广告代理的作用主要有：

1. 代理是"独立的"，这就是说它不从属于广告主和传媒。这种独立性使他们能客观地看待广告主的业务。每天面对广阔的市场情况和问题，为他们充当见识、技巧和竞争性参谋。

广告代理商同时拥有创意人员和经营人才，善于针对企业问题提供复杂的美术和广告科学方面的服务。其中包括作家、艺术家、市场和传媒分析家、调查者和各种专业人员，用他们的技术和智慧使委托人获得成功。他们每天接触外界的专业人员，能了解最先进的技术、价格的最新变化和现实的生产情况。

2. 代理商为各种不同的卖主的商品和服务寻找顾客。广告代理为委托人工作，他们自身非传媒或供应商。他们的道德、伦理、金融，有时甚至法律义务是为委托人——寻找最佳价格，提供最优质的工作，并帮助他们成长和繁荣。广告主雇用代理，因为他们通常有能力比广告主自己创造更有效的广告，并选择更有效的传媒。如今，几乎所有成功的企业都依靠代理商的各类专家，提供的客观的意见和独特的创意技巧为其服务。

3. 代理可以通过签约购买的媒体（电视广播时间和报刊杂志广告），向委托人提供更价廉的服务，因为多数传媒允许代理少付总额的 15%，这就为客户节省了更多的资金。同时代理为了对委托人负责，必须对各种可能的传媒保持深入的了解。使顾客充分享受到既省钱又有良好的媒体保证服务。

二、代理的种类

广告代理的分类按照提供的服务范围和企业的类型，一般可分为全面服务型和单面服务型：

（一）全面服务型代理

全面服务型代理，内容是指广告代理所具备的人员可为委托人在所有信息交流和促销方面提供服务。其服务内容可分广告性和非广告性。

广告服务包括广告计划、创意和制作广告，并提供广告调查和传媒选择服务。非广告服务包括所有从包装到公共关系以及促销资料、年度报告、贸易展览和营销培训资料等方面提供服务。

全面服务代理的两种基本类型是消费类代理和工业类代理。

1. 综合消费类代理

综合消费类代理是指愿为最广泛的客户提供服务的代理。实际上是着重于消费类服务。即为哪些产品被消费者购买的公司提供服务。如肥皂、麦片、汽车、酒类和化妆用品等。其制作的多数广告被放在消费传媒——电视、广播、公告牌、报纸和杂志——任何可代理的传媒。因此，综合代理的多数收入来自传媒委托。

综合代理可包括世界性超级代理公司和全国性代理公司。同时也包括上千家企业较小的承包代理，虽然承包代理的利润不大，但其服务通常对小委托人更负责，其作品的质量也常在创意上令人耳目一新。另外，有些承包代理靠服务市场的某一特殊部分找到了自己的位置。

2．工业类代理

工业类代理，是作为哪些制造产品卖给其它企业的公司的代理。如计算机硬件和软件、熔炉、机车等等。这类代理所作为的工业广告需要先进的技术知识以及把这些知识转变为精确并有说服力的交流手段的能力。

多数工业广告刊载在贸易杂志和其它行业出版物上，这些传媒是可委托的，但由于发行范围很小，其费用远低于消费类传媒，其结果是，委托费常不足以支付代理服务的成本，因此，工业类代理常向委托人要求额外服务费。虽然这可能是昂贵的，尤其对小型广告主，但如因未得到工业类代理的专业帮助而失去市场机会，那损失会更大。

（二）单面专业代理

近年来，随着专业化的趋势，代理业出现了许多分支，其中有被称为"创意社"的小型代理型团体和"传媒购买服务"的专业公司。

1．创意社

有些有才干的专业人士，如艺术指导、设计家和作家创立了自己的创意服务，称之为"创意社"。他们为广告主工作，或有时作为广告代理的分承包。其任务是创造令人激动的、有创意的意念，并做出新颖、独特的广告。

因为广告的有效性主要体现领先创意、设计和写作，因此广告主对此十分重视。然而，创意社除了创意外，没有全面服务代理所提供的市场和销售指导，这限制了它作为创意供应者的作用。但是，对于小广告主，创意社的创意、负责和较低费用是极具吸引力的。因此，创意社无处不在，几乎所有大城市都有成功的例子。

2．传媒购买服务公司

正如有些作家和艺术指导建立了创意社那样，有些经济丰富的传媒专家也成立了购买和整体推销广播和电视时间的机构。比如美国西部有一家国际传媒公司,它每年有价值三亿美元的传媒广告。这些公司的成功,因为广播和电视时间是"不经久的",因此,电台和电视台要尽可能地预售广告时间,并对任何大量购买者降低价格,这样,传媒购买服务公司就可与电台和电视台商谈特殊优惠价,然后再卖给广告主和代理。同时,作为服务的一部分,传媒购买公司向客户(委托人和代理商)提供详细的传媒分析。

三、代理的过程

在美国广告代理协会(AAAA)行为标准中阐明,代理的任务是向观众/听众说明产品或服务的优点。如何做到这一点,其过程是:

(一)调查

在任何广告创作前,必须调查产品或服务的用途和优点,分析现有和潜在的顾客,以及确定哪些因素会影响他们去购买。我们不能凭感觉去创造,而要以广告的事实资料为基础去创造。

(二)计划

计划实际上早于调查开始,并在其后继续进行,总监负责与委托人商谈以确定其市场和广告目标。然后,他们会见代理商的市场分析家,传媒策划人和其它创意人员,制定出合适的广告策略,加上调查结果和代理商的计划小组的意见,最后形成详细的市场和广告计划,由委托人认定通过这一计划以后,就成为代理的创意和传媒计划的蓝图。

(三)创意

多数广告主要依靠广告语——即组成标题和广告的文字的作用,撰写创意文字的人被成为文本作家,他们的工作需要高度技巧和多方面的知识,因为他们必须能够把关于产品和服务的所有信息浓缩精练成那么鲜明而贴切的几点。因此,文本作家没有说的话同说的话同样重要。

代理的美术由美术指导和版面设计家完成。版面设计家的主要工作是排出广告——即以速写示意广告的不同部分如何组织在一起。如果其任务是构想电视广告,他们应以漫画的形式用连续的画面表现出来,这叫做故事版。多数大代理公司有自己的美术部。而其它代理往往宁愿向独立的工作室或自由设计人购买美术设计。

(四) 广告制作

广告设计完成后,经委托人认可,就进入制作阶段。这是代理公司的印刷广告总监,电视广播制作人和指导的责任。对于印刷广告,制作部必须完成各种类型、照片、插图和其它所需的美术部分。对于电视广播广告,电视广播制作专业人员拿着通过的剧本、广播稿或故事册,开始制作,他们要与演员、摄影师和其他制作专家一起,把广告制作成盒带,电影或录象带。

(五) 管理

代理公司管理部的工作,就是保证工作顺利进行,且有效地协调策划、设计、制作等每一阶段,并检查各项工作是否按时完成,以及所有广告是否按限期到达传媒。

作为代理公司的重要部分,管理部常常是新来的大学毕业生所进的第一个部门,也是人们了解代理公司整个运作情况的理想之地。

(六) 传媒

传媒总监的工作是把目标市场同大范围内的传媒观众、读者相比较,然后根据其有效性和价格评定传媒。最后,传媒总监提出最佳传媒或传媒组合。对于客户来说,公正的、经过鉴定的传媒信息是代理服务中最有价值的一部分。

(七) 市场小组

市场小组是代理公司的重要组成部分,他们是广告代理和业主之间的联系人。一方面代表客户利益检查代理的所有服务,另一方面把代理的观点传达给客户。该部的业务经理常被夹在中间。因此,它必须坚定、机智、有外交手段,有创意,善于沟通,有说服力,知识丰富,且通情达理,诚实等多方面良好素质。

(八) 财务

广告代理每天要收到从电台和电视台、杂志、报纸、广告牌公司,公共交通公司,打字社,印刷制作社,自由美术家和插图作者,唱片工作室,音乐制作人,印刷工等方面来的票据。这些帐单由会计部收集,同时,由会计部支付所有外部费用。

另外,广告代理还要处理各种传媒委托,拖欠款,发票错误,现金误差和几十个客户的复杂的大量现金,这就需要有高素质的会计人员。同时会计人员监督代理的收入和支出,并保持让管理层了解公司经济情况。

(九) 其他服务

除了广告代理基本任务外,许多代理商还提供各种其他服务,比如形成具有高素质的促销部,为多数公司客户提供即时服务,如制作橱窗广告、POP布置和销售资料等。另外,根据客户的特点和需要,广告代理还需雇用公共关系专家,市场专家,国内经济专家共同为客户服务。

四、代理公司的组成

广告代理公司可根据其规模,服务类型来确定其功能,操作和人员。

小的代理(年收入少于1500~2000万)其日常业务通常由公司董事长处理,并负责发展新业务,见图13-1。客户联络由业务员负责,业务员还负责创意,甚至写文本,美术工作由内部的艺术总监创作,或从独立工作室或自由设计人处购买。多数小代理公司有制作和流程部,或有一个雇员负责。它们也可能有一个传媒购买人,但在非常小的代理公司中,业务员也为客户购买传媒。

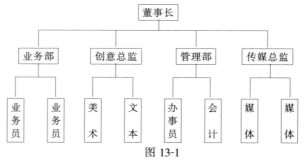

图 13-1

在中大型代理公司,其组织较为健全,一般按照部门制体系组成。

"部门制体系"代理的各个不同功能——业务服务,创意服务,市场服务和经营管理——都作为不同的部门而设立(图 13-2)。各部门各司其职,业务服务部负责客户联络洽谈业务;创意服务部负责广告创意制作;市场服务部负责市场调研,选择媒体;管理财务部负责行政管理和财务结算等。

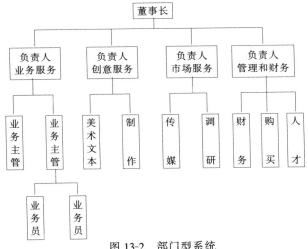

图 13-2 部门型系统

随着代理公司的发展,一般趋向于采用"群组系统",即代理公司被分为好几个"小"代理或"群组"。每一组,由一个业务主管领导,由业务员,文本作者,艺术指导,传媒指导,及其他所需的专家组成(图 13-3)。一组服务一个客户,或者服务 3~4 个客户。特别大的代理公司可能有几十个或更多组,甚至每

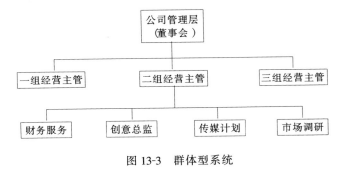

图 13-3 群体型系统

个组有独立的制作和流程小组。

三种体系各有其长处，只要能使代理公司最有效地提供服务的组织方式，就是应该施行的方式。

第二节 广告整体策划

广告整体策划就是将企业整个广告活动的分析、策略、执行和效果控制四个方面的核心内容，合理地组织起来，形成一份明确、充实、有说服力的文件，从而全面地体现广告策划运作的过程和结果，为广告活动实施提供完整的策略方法依据。

一、市场分析

（一）市场宏观环境分析

1. 市场宏观经济形势

（1）宏观的经济形势；

（2）宏观的消费态势；

（3）产业的发展政策。

2. 市场的政治和法律背景

（1）市场的政治因素影响；

（2）市场的法律因素影响。

3. 市场的文化背景

（1）市场的文化融合；

（2）市场的文化冲突。

4. 市场宏观环境分析总结

（1）机会与威胁；

（2）优势与劣势；

（3）主要问题点。

（二）市场概况分析

1. 市场规模

（1）整体市场销售额；

（2）市场容量最大额；

（3）市场销售额曲线走势；

（4）未来市场规模趋势。

2．市场构成

（1）市场构成的品牌；

（2）各品牌所占市场份额；

（3）市场居于主要地位的品牌；

（4）与其构成竞争的品牌；

（5）未来市场构成的变化趋势。

3．市场构成特性

（1）市场个性；

（2）市场约束。

4．市场环境分析总结

（1）机会与成功；

（2）优势与劣势；

（3）主要问题点。

（三）消费者分析

1．消费者总体消费态势

（1）现有消费时尚；

（2）未来消费趋势。

2．现有消费者分析

（1）现有消费群体构成

1）现有消费者的总量；

2）现有消费者的年龄；

3）现有消费者的职业；

4）现有消费者的收入；

5）现有消费者的教育背景；

6）现有消费者的分布。

（2）现有消费者的消费行为

1）购买的动机；

2）购买的时间；

3）购买的频率；

4）购买的数量；

5) 购买的地点。
(3) 现有消费者的态度
1) 对产品的认知程度；
2) 对产品的喜爱程度；
3) 对产品的偏好程度；
4) 对产品的购买程度；
5) 使用本产品满足程度；
6) 使用本产品的缺憾程度。

3. 潜在消费者
(1) 潜在消费者的特性
1) 总量；
2) 年龄；
3) 职业；
4) 收入；
5) 教育背景。
(2) 潜在消费者现在的购买行为
1) 现在购买哪些品牌；
2) 对这些品牌的态度；
3) 有无新的购买计划；
4) 有无可能改变购买态度。
(3) 潜在消费者被本品牌吸引的可能性
1) 潜在消费者对本品牌的态度如何；
2) 潜在消费者需求的满足程度如何。

4. 消费者分析的总结
(1) 现有消费者
1) 机会与成功；
2) 优势与劣势；
3) 主要问题点。
(2) 潜在消费者
1) 机会与成功；
2) 优势与劣势；

3）主要问题点。
(四) 产品分析
1. 产品特征分析
(1) 产品的性能
1）产品的具体性能；
2）产品最突出的性能；
3）产品最适合消费者需求的性能；
4）产品性能的不足。
(2) 产品质量
1）产品的质量属性；
2）产品质量的满意度；
3）产品质量的领先度；
4）产品质量的改进度。
(3) 产品的价格
1）产品价格档次；
2）产品价格与产品质量的配合程度；
3）消费者对产品价格的认识度。
(4) 产品的材质
1）产品的主要原料；
2）产品材质的特殊性；
3）消费者对产品材质的认识如何。
(5) 生产工艺
1）生产工艺流程；
2）生产工艺的特殊性；
3）消费者对生产工艺的态度。
(6) 外观与包装
1）外观与包装的相称性；
2）外观和包装的缺陷性；
3）外观和包装的醒目度；
4）外观和包装的吸引力；
5）消费者对外观和包装的评价。

(7) 与同类产品的比较

1) 性能优劣点；

2) 质量优劣点；

3) 价格优劣点；

4) 材质优劣点；

5) 工艺优劣点；

6) 消费者对优劣点的认知和购买情况。

2．产品生命周期分析

(1) 产品生命周期的主要标志；

(2) 产品处于何种生命周期；

(3) 企业对产品生命周期的认知。

3．企业的品牌形象分析

(1) 企业赋予产品的形象

1) 品牌形象的设计；

2) 品牌形象的设计程度；

3) 品牌形象的不合理点；

4) 品牌形象的传播度。

(2) 消费者对品牌形象的认知

1) 消费者对品牌形象的认识；

2) 消费者认知形象与企业设定形象的符合度；

3) 消费者对品牌形象的预期；

4) 品牌形象在消费者认知时的问题可能性。

4．产品定位分析

(1) 产品的定位构想

1) 企业对产品定位的设想；

2) 企业对产品定位的设想的不足；

3) 产品定位的传播度。

(2) 消费者对产品定位的认知

1) 消费者对产品定位的概念；

2) 消费者认知定位与企业设定定位的符合度；

3) 消费者对产品定位的预期；

4）产品定位在消费者认知时的问题可能性。
(3) 产品定位的效果
1）产品定位的效果性测定；
2）产品定位的不足。
5．产品分析的总结
(1) 产品特性
1）机会与成功；
2）优势与劣势；
3）主要问题点。
(2) 产品的生命周期
1）机会与成功；
2）优势与劣势；
3）主要问题点。
(3) 企业的品牌形象
1）机会与成功；
2）优势与劣势；
3）主要问题点。
(4) 产品定位
1）机会与成功；
2）优势与劣势；
3）主要问题点。
(五) 竞争对手的状况和广告分析
1．竞争对手的状况分析
(1) 企业的竞争对手
1）主要的竞争对手是谁；
2）竞争对手的基本情况；
3）竞争对手的优势与劣势；
4）竞争对手的市场策略。
(2) 竞争对手分析总结
1）机会与成功；
2）优势与劣势；

3）主要问题点。

2. 竞争对手广告分析

(1) 竞争对手广告活动概况

1）开展目的；

2）投入费用；

3）开展内容；

4）开展时间。

(2) 竞争对手广告的目标市场

1）目标市场是谁；

2）目标市场特性；

3）合理与不合理分析。

(3) 竞争对手的广告主题策略

1）诉求、对象、重点、方法；

2）广告主题的表现；

3）广告创意的优劣点。

(4) 竞争对手的媒介策略

1）媒介组合程度；

2）广告发布频率；

3）媒体运用优劣评价。

(5) 广告效果

1）认知效果；

2）观念效果；

3）行为效果；

4）促销效果；

5）效益效果。

(6) 竞争对手广告分析总结

1）机会与成功；

2）优势与劣势；

3）主要问题点。

二、广告策略

(一) 广告目标

1. 经济效益目标；
2. 社会效益目标。

（二）广告诉求策略

1. 广告诉求对象
(1) 诉求对象的表述；
(2) 诉求对象的特性与需求。
2. 广告的诉求重点
(1) 诉求对象的需求分析；
(2) 所有广告信息分析；
(3) 广告诉求重点表述。
3. 广告的诉求方法
(1) 诉求方法的表述；
(2) 诉求方法的依据。

（三）广告表现的策略

1. 广告主题策略
(1) 对广告主题的表述；
(2) 广告主题的依据。
2. 广告创意策略
(1) 广告创意的核心内容；
(2) 广告创意说明。

（四）广告媒体策略

1. 媒体的选择
(1) 媒体选择的依据；
(2) 主要媒体选择；
(3) 辅助媒体选择。
2. 媒体的组合
(1) 媒体组合的依据；
(2) 媒体组合的安排。
3. 媒体的地域和时机
(1) 媒体地域的选择；
(2) 广告发布的时机运用；

(3) 广告发布的频率策略。

三、广告计划

(一) 广告总体时间计划

1. 广告活动开始时间;
2. 广告活动持续时间;
3. 广告活动结束时间。

(二) 广告设计制作计划

1. 平面设计;
2. 文案;
3. 电视广告拍摄。

(三) 广告发布计划

1. 广告发布的媒介;
2. 广告媒介发布排期表。

(四) 其他活动计划

1. 促销活动计划;
2. 公关活动计划;
3. 其他活动计划。

(五) 广告预算计划

1. 广告策划费用;
2. 广告设计费用;
3. 广告制作费用;
4. 广告媒介费用;
5. 其他活动费用;
6. 机动费用。

四、预测和监控

(一) 广告效果的预测

1. 广告主题测试;
2. 广告创意测试;
3. 广告文案测试;
4. 广告作品测试。

(二) 广告效果的监控

1. 广告媒介发布的监控;
2. 广告效果的测定。

第三节　广告整体策划范例

一、市场分析

整体广告策划是以市场分析为基础逐步展开的。只有全面研究企业内在和外在的优势及主要问题,才能为企业在市场中站稳脚跟,赢得胜利,为成功的广告策划提供依据。

在企业领导和社会的支持下,我们化了将近一个月的时间,对上海及附近地区塑钢门窗市场进行了较为详细和缜密的调查,从塑钢门窗的宏观环境,到家庭消费者和房产消费者,从建材商店到建筑设计院,采用抽样问卷访问、个别访谈等方式进行了调查,调查获得的信息和数据是可信的,较有说服力。

（一）营销环境分析

1. 塑钢门窗的现状和前景

门窗的发展,经历了从木窗——钢窗——铝合金——塑钢门窗的发展过程,塑钢门窗因其坚实、美观、经济、耐用的特点而迅速崛起。它不但能满足人们对高质门窗提出的各种要求,而且是人们理想的环保建材。现将塑钢与铝合金相比,其特点列于表13-1。

塑钢与铝合金比较　　　　　　　　　表13-1

名称\内容	塑　钢	铝合金
性　能	气密性、水密性好 隔音性、保温性强 抗老化、耐腐蚀	气密性、水密性较弱 隔音性、保温性较差 不太适合化学类建筑
质　量	成熟产品（国外设备、进口技术）	成熟产品
式　样	美观、柔和	较为逊色
社会效益	绿色环保建材	不属绿色建材

2. 塑钢门窗在发达国家的发展

塑钢门窗目前在发达国家使用非常普遍,因为塑钢门窗符合世界环保意识,迎合"绿色"潮流,且塑钢技术性能问题已成为过去。欧洲和美国是塑钢门窗消费量最大的国家,市场占有率达60%左右。塑钢门窗已经成为这些发达国家应用于门窗建材的第四代产品,倍受欢迎。

3. 塑钢门窗在我国的发展

我国90年代中前期开始出现塑钢门窗,发展速度极其迅速。早期上海及周边地区塑钢门窗厂只有3家,现在已有8家初具规模。据专家预测,随着塑钢门窗的影响越来越广泛,未来塑钢门窗和消费量将大幅度增加,有取代铝合金趋势。

4. 塑钢门窗现有的主要问题

(1) 由于市场看好塑钢门窗,由此出现塑钢门窗鱼龙混杂,许多小型企业在不具备应有条件的基础上投产,从而影响了整个市场信任度,使人产生比之铝合金似乎不牢靠的错觉。

(2) 在中国,塑钢门窗作为一种新型建筑门窗,人们尚未形成正确的市场观念,意识滞后。

(3) 由于各种原因,塑钢门窗价格比起铝合金总是贵些,这在发展中国家很大程度地制约了其发展。

5. 市场规模

(1) 整装规模:即商住、公寓、别墅等大型工程使用情况。目前,这一整装市场已经引起重视,但尚未形成规模,发展趋势呈上升状态。

(2) 散装规模:即家庭装潢使用情况。目前为止,这一散装市场规模,开始起步,目前尚处于人们认识阶段。这也和安装技术受限制有关。

6. 与本品牌构成竞争的品牌

从目前市场占有率来看,"玻力"、"海螺"、"卓高"、"正宇"、"维卡"、"双建"与本品牌基本处于同一水平线上,市场占有率没有谁占据绝对的优势地位。即使有差别,相差也不大。因此,本品牌在短期内越出水平线的可能性不大。

7. 未来市场构成的变化趋势

未来市场构成的变化有几种可能：

（1）"建晖"品牌异军突起，市场占有率超出整体水平线；

（2）"建晖"和"海螺""玻力"并驾齐驱，挤占其它品牌市场；

（3）"海螺"和"玻力"以其先入为主的优势对塑钢门窗市场率先发起冲击，其它品牌跟随其后。

8. 市场构成的特性

玻力——合资品牌。卓高——合资品牌。

海螺——国营品牌。正宇——合资品牌。

双建——合资品牌。开捷——合资品牌。

9. 价格的构成

玻力——普通型、兼顾高档。

卓高——普通型、兼顾高档。

海螺——普通型、兼顾高档。

正宇——普通型、兼顾高档。

双建——普通型、兼顾高档。

开捷——普通型、兼顾高档。

销量没有明显的季节性变化。

10. 营销环境分析总结

（1）市场机会：整个市场将继续扩大，需求量将逐步提高，市场上没有一个品牌占据突出的优势地位。

（2）市场威胁：由于这是一个比较可观的市场，且尚处于刚刚开始发展的阶段，所以预计将有更多的品牌，尤其是合资和独资企业的品牌加入市场争夺。

（3）企业在市场中的优势：建晖企业具有比较雄厚的实力，因此，有能力改变产品在市场上的现状。而且由于产品上市的时间还不长，顾客还未形成固定的印象，因此通过适当的营销手段，有可能吸引更多的顾客。

（4）产品在市场中的劣势：建晖产品就目前来看尚未形成品牌消费概念，市场占有率较低，缺乏影响力。同时，与铝合金相比价格过高，许多顾客可能因为价格原因不愿意选择本产品。

（5）主要问题点：基于企业长远的发展，利用市场尚未完全成熟的有利时机，迅速提高产品的市场占有率，在现有的主要品牌中获得优势地位。

（二）家庭消费者分析

1. 家庭消费者的总体态势

抽样调查表明：在门窗家庭消费市场上，钢窗和铝合金基本占据了主导地位，已经普遍形成了市场。从抽样调查数据看，钢窗占47%排列第一，铝合金占34%，排列第二。

塑钢门窗目前基本尚未形成家庭消费市场。从抽样调查数据看，塑钢占市场占有率仅2%，比起木窗17%还要低。但它正在被家庭消费者逐步认知，从不知道到知道，并且有望成为人们理想的门窗。抽样调查表明，知道者已占36%，但仍有广大家庭消费者对塑钢门窗没有认知，认知市场不容乐观。值得高兴的是，在调查中发现，有48%的家庭消费者愿意在更新和新装门窗时选择塑钢门窗，超过了铝合金44%的比率。

从家庭消费者的调查中，我们可以看出塑钢门窗的大致发展态势，即随着生活质量的不断提高，塑钢门窗会越来越成为家庭的第一选择对象。

2. 消费者选择门窗的一般概念：

对家庭消费者消费观念进行抽样调查，家庭消费者选择门窗的观念可通过表13-2所列数据加以说明：

对目前自己门窗的评价　　　　表13-2

评　　价	好	一　般	差
质　　量	26%	59%	15%
隔　　热	16%	65%	19%
防　　水	24%	53%	23%
隔　　音	12%	61%	27%
美　　观	28%	42%	30%

对以下三个问题的回答情况是：

如果您选择门窗，影响您决策的首要因素是：

价格　　　30%　　　质量　　61%

服务　　　1%　　　　美观　　8%

如果您想更新门窗，您会选择：

塑钢门窗　　48%

铝合金　　　44%

钢窗　　　　7%

在保证质量的前提下，如果您想使用塑钢门窗，您会选择哪一类？

高档型　　　6%

中档型　　　55%

经济型　　　39%

从以上数据看，目前家庭消费者对自身门窗评价为一般和差的占据了大多数，质量74%，隔热84%，防水76%，隔音88%，美观72%。因此，塑钢门窗的出现无疑是一件好事，为目前的门窗市场带来一股新鲜的空气。就认知角度讲，它已普遍受到人们的喜爱和欢迎，在更新和新装门窗中，有意选择塑钢门窗者达48%。但关键在于如何达到客户质量要求，这是家庭消费者最关心的问题。从中可以看出，人们最注重的是质量，人数达61%，其次是价格达30%。其中在价格上，家庭消费者主张中档型的占55%，经济型占39%，总合起来达94%。这就说明只要塑钢门窗质量过硬，经得起考验，使人信服，价格将不会成为主要障碍。

3. 家庭消费者购买的场所

家庭消费者购买的场所主要是建筑装潢商店或市场，但就目前调查来看，塑钢门窗尚未走进店家，即使走进店家，也因安装问题而无法有效地大规模进入。

4. 现有家庭消费者分析

职业：

干部　　　　26%　　　工人　　29%

| 职业 | 35% | 个体 | 3% |
| 教师 | 3% | 艺人 | 1% |

家庭平均月总收入：

1000元以下	20%
1000元~1500元	27%
1500元~2000元	20%
2000元~2500元	19%
2500~3000元	8%
3000元以上	6%

从全方位的职业和不同的收入层来看，可以得出基本有能力承受的塑钢门窗的价位。调查中还发现，家庭消费者一般都愿意把钱花在追求生产质量、舒适、美观方面，这是一种精神享受。

5. 现有家庭消费者对塑钢门窗品牌的态度

从调查中得知，人们对市场上的塑钢门窗品牌知之甚少，甚至有许多人还不知道塑钢门窗是怎么回事。所以，在如此低的认知度中，任何一种名牌脱颖而出都是有可能的。

6. 潜在消费者分析

在调查中，我们发现这是一个尚未形成的市场，但已引发起各方注意，有待迅速拓展，这是一个巨大的潜在市场。注重家庭生活质量，希望有个良好环境的浪潮正在逐步冲击着每个家庭。塑钢门窗正好以其迎合潮流的新型材料相配合。因此，一旦新观念被充分调动起来，将会形成塑钢门窗的热点。

7. 家庭消费者分析的总结

（1）现有家庭消费者群体已经形成，潜在市场无穷无尽；

（2）从现有消费者的购买行为看，家庭消费者购买渠道是建材店，而建材店还未成为塑钢走向家庭的桥梁；

（3）现有许多消费者持观望的态度，心中都存在各种各样的怀疑，关键在于质量。

1）机会：现有家庭消费者对于塑钢门窗只处在认知阶段，他们不知道选择哪种塑钢门窗最好，最可靠，没有一个品牌真正被认识、接受，如何从众多品牌中跳出来，对每一个厂家都有匀衡的机会。跳出来就能先入为主,形成品牌高忠诚度。

2) 问题:人们普遍担心塑钢是否真行,质量是关键,是长远之计。价格比起铝合金也是一个需要解决的问题。归根到底是一个消费观念问题,人们还没有从铝合金的观念中完全转变过来。

(三)房产开发商分析

1. 房产开发商的总体态势

房产用户是塑钢门窗主要针对的大市场。在这一市场上占主导地位的是铝合金,塑钢仅处于起步状态,但潜在势头有望有新的突破。以下是调查问卷获得的数据:

(1) 在房产开发中,您目前使用的门窗是:

铝合金	62%
塑钢	14%
钢窗	16%
正在考虑,铝合金和塑钢	5%
铝合金和钢窗	3%。

(2) 在现在或未来的房产开发中,您有兴趣使用塑钢门窗吗?

想使用	26%
正在考虑	29%
不想使用	45%

从调查数据看,塑钢在房产市场上发展的趋势是:铝合金将继续保持其发展态势,但随着塑钢新观念的深入,塑钢将会依据其自身的优势,成为房产门窗消费的热点。

2. 房产开发商对门窗的一般概念

(1) 从你的专业角度,您认为目前市场上最好的门窗是:

塑钢	62%
铝合金	34%
钢窗	4%

(2) 你最担心的问题是——质量。

(3) 售前、售后服务需要做到——信用。

(4) 对不同档次的塑钢门窗感兴趣的人数。

高档型　　　　　　10%

中档型　　　　　　38%

经济型　　　　　　28%

没兴趣　　　　　　24%

从调查数据看，对塑钢门窗的观念，一般有以下几个特点：

1）塑钢门窗是最为理想的门窗。

2）最为担心的问题是质量，是否真正能做到与发达国家一样的质量水平；

3）厂商对于服务能否说到做到；

4）最为关心的是价格，价格因成本原因比起铝合金普遍高。

3. 房产开发商媒介和场所

房产商使用的材料很大程度上取决于设计者指定的材料，然后由房产商选择决策。一方面房产商起着决定性作用，另一方面设计师也起着参谋作用。表 13-3 列出了各设计院对塑钢的态度：

塑钢门窗调查表　　　　　表 13-3

调查者内容	华东院	上海建筑设计院	同济设计院	第九设计院	电子工程设计院
现在主要推荐	铝合金	铝合金	铝合金	铝合金	铝合金
未来看好产品	塑钢	塑钢	塑钢	塑钢	塑钢、铝合金
未来推荐	塑钢	塑钢	塑钢	塑钢	塑钢、铝合金
价格选择	中档型	中档型	经济型	中档型	中档型
最担心的问题	价格、配件性能	价格	价格	价格	价格
市场未成原因	价格偏高	价格偏高	价格偏高	价格偏高	价格偏高
知道建晖吗	否	否	否	否	否

从主要设计院的观点来看，具有以下特点：

(1) 现在门窗市场是推崇铝合金为首选；

(2) 塑钢是未来看好和推荐的产品，有不可估量的前途；

（3）塑钢之所以现在落后于铝合金，是因为铝合金已是成熟产品，比起塑钢价格便宜。价格是关键，这是塑钢打开未来市场最关键的一步棋。

因此，设计院虽然是媒介，但如果没有价格优势，很难成为建筑师首先推荐产品。

4. 现有房产开发商分析

从房产开发商的角度来看，在保证质量的前提下最关心的是价格。因为材料价格的高低决定了房产开发成本，而成本又直接影响到销售。在目前房产购买环境下，房产销售仍起着关键作用，因此，房产商势必要考虑到铝合金和塑钢门窗的比较。就目前状态来说，由于房产商对塑钢门窗的不太了解（占44%）及认为价格偏高（占26%），从而产生对塑钢的排斥，另外，对于塑钢有所了解的许多房产商也因成本偏高处于观望状态。

除了价格因素外，现有房产消费者担心的是质量。由于国产塑钢质量问题，造成市场上对塑钢的不放心。有些房产商想用，但因怕上当而处于考察阶段，他们谁也不敢第一个去"冒险"。

由于这两个主要原因，限制了塑钢的发展，如何有效地解决这两个问题，关键还是在于消费观念的改变。价格虽高，但物有所值，优势明显，不管从身价、美观等方面，都能充分体现出房产的地位和档次。一旦了解这些，上述哪些观念也就会逐渐改变。

5. 现有房产开发商对塑钢门窗品牌的态度

在调查中，房产商对塑钢品牌了解甚微，只有很少一部分比较了解某一品牌。但市场上塑钢品牌有多少，基本没人知道。

房产商对"建晖"塑钢几乎全然不知道，影响力较低。因此，在目前塑钢市场上，房产商对品牌还处于一个认知的初始阶段。谁能抢先一步，谁就能被人更早更多地认知、认可。

6. 潜在房产开发商分析

塑钢在房产中尚未形成市场，但正在引起房产商的普遍注意，其中蕴含着巨大的潜在市场。只要塑钢门窗能树起自身的品牌，改变消费观念，塑钢在房产市场上终将会大有所为。

7. 房产开发商总结

（1）房产消费群体正在逐步形成，塑钢正在逐步被认识，并正在慢慢进入市场，其潜力巨大。

（2）房产开发商的购买行为不仅要考虑成本，而且要考虑房主的地位，并在不同程度上听取建筑设计院的意见，因此，在目前塑钢市场尚未真正形成之前，许多因素限制了房产开产商的购买行为。

（3）房产开发商认识塑钢需要有一个过程，我们应设法缩短这一过程。使之从认识到兴趣，从兴趣到购买。

机会和问题：

机会：房产商普遍认为塑钢门窗是先进的、最理想的门窗，但由于一些客观和主观原因目前不愿选择。最好的东西还未被人们充分认识，尚未形成消费观念。一旦接受新的消费观念，谁都不会拒绝最好的东西。

问题：房产商比较现实，价格问题仍然是实实在在的问题。如果两件产品处于同一级别和品味上，价格便成为决定因素。塑钢虽然比铝合金好，但人们没有真正认识到塑钢代替铝合金的必要性。所以目前仍处在铝合金时代。

(四) 竞争对手和竞争状况分析

1. 竞争对手的判定

选择谁作为竞争对手，是企业营销策略的一个核心内容。从目前市场来看，处于同一水平线的竞争对手是海螺、开捷、卓高、建塑和玻力。

2. 竞争对手的基本情况（表13-4）

竞争对手基本情况　　　　　　　表13-4

竞争对手\内容	玻力	建塑	海螺	开捷	卓高
商标	玻力	双建	海螺	开捷	卓高（TROCAL）
性质	合资（香港）	全民	全民	中中合资	中德合资
种类	50系列开平窗、80系列推拉窗等	塑钢门窗	塑钢门窗塑料异型材60系列	塑钢门窗	塑钢门窗

续表

竞争对手\内容	玻力	建塑	海螺	开捷	卓高
人数	管理25人左右 工人41人	管理20人左右 工人30人左右	管理50人 工人200人	管理10人左右 工人30人左右	管理10人 工人50人
收入（元）	管理1500 工人1400	管理1500 工人800	管理1000 工人800	管理1000左右 工人800	管理1000 工人800
文化	大专8人 中专3人	研究生4人 本科2人 大专10人	研究生2人 本科10人 大专12人 中专2人	本科3人 大专7人	研究生1人 本科1人 大专2人
福利	一般	全民待遇	全民待遇	一般	一般
管理体制	董事会	厂长负责制	总经理负责制	总经理负责制	总经理负责制
硬件	德国90年代设备	主设备引进	德国泰森设备	主设备引进	德国威格玛机械
经营重点	塑钢门窗	塑钢门窗	塑钢门窗	塑钢门窗	塑钢门窗
销售方式	自主经营	直销、外方订购	厂家直销	多样	代理商、厂家直销
利润亏损	盈利	盈利	盈利	刚刚开始	刚刚开始
税收	按国家规定纳税所得税免	按国家规定纳税	免税（开发区）	按国家规定纳税	按国家规定纳税所得税免
积压	无	无	无	无	无
竞争力	生产经验丰富、设备技术强	有一定的技术优势	产品质量、价格、服务到位	价格、质量有一定优势	质量过硬
弱点	进料价高、成本高	销售面不广	新产品推广较难	管理跟不上	知名度不高

（还有两家——"正宇"和"维卡"，未能取得具体资料，但根据接触情况，他们也具有一定实力成为建晖的竞争对象。在此加以说明）。

3. 竞争态势总结

纵观上述竞争对手情况,有以下几个共同点:

1. 企业都有一定实力,设备先进,品质相差无几。销售基本在同一起跑线上,都面临铝合金的阻力。

2. 建晖要从竞争对手中脱颖而出,困难重重,并且在目前塑钢市场冷淡的条件下,更是难上加难。因此,要赢得本来就不大的塑钢市场,就必须创造市场热点,引发市场关注,迅速提高知名度,造成品牌效应,从众多竞争对手中突现出来,为人所知,为人所用。

(五)竞争对手的广告分析

1. 竞争对手广告活动概况

就竞争对手玻力、海螺、建塑、开捷、卓高来说,从企业成立至今,很少投入广告费用,只是为了销售搞过一些促销活动,在促销活动中配合做了一些形象广告(简介等)。一般来说投入的广告费用大约在10万元之内。

2. 竞争对手的目标市场策略

目标市场海螺、玻力、建塑、开捷、卓高都以上海地区为主要市场,广告活动基本围绕这一目标市场进行。从市场细分看,在这一广阔的市场中,企业没有进行市场细分,主要以建筑商作为目标顾客,所以往往忽视了广告的作用。

3. 竞争对手的产品和价格定位策略

海螺、玻力、建塑、开捷、卓高的产品都是定位在普通型塑钢上,大举进口设备生产国产产品,突出质量是获得市场的保证。在价格定位上,基本上以普通型价格作为首选,大约在250~300元左右。

4. 竞争对手的广告诉求策略

诉求对象:主要是建筑商;

诉求重点:质量

诉求方式:以一种直接的感性诉求方式来表达产品性能和质量。

5. 竞争对手的广告表现策略

广告主题：海螺、玻力、建晖、开捷、卓高，由于基本上没有广告活动，当然没有明确的广告主题。

广告创意：海螺、玻力、建塑、开捷、卓高，由于缺乏广告主题，因而广告创意一般都是围绕着企业介绍来表现的。

6. 竞争对手的广告媒介策略

海螺、玻力、建塑、开捷、卓高广告基本上没有运用电视和报刊等媒体，除了个别的在报上作了一般介绍。因此，竞争对手不存在广告媒介的选择和组合以及广告发布的频率等问题。

7. 广告效果

由于海螺、玻力、建塑、开捷、卓高，这些竞争对手在某种程度上忽视广告的作用，因此，在市场上的认知普遍不高，仅仅知名但不知详情，没有一个竞争对手在市场上树立起品牌效应。不知塑钢所具有的价值。顾客普遍对其缺乏信心。可见广告的宣传作用基本没有发挥。真可谓是养在深闺人不识。

8. 总结

塑钢市场至今尚未形成销售网络，主要原因在于营销中缺乏广告支持和宣传，同时，没有正确地细分市场，确定目标顾客。

二、广告策略

（一）广告目标策略

1. 广告目标

通过广告活动，在一年内市场占有率提高 10% ~ 20%，使建晖塑钢知名度成为领先水平的品牌。

2. 目标市场策略

（1）对于建晖塑钢企业，目标市场较为清晰，从细分市场角度来分主要是建筑商和家庭装饰户。

（2）在目前市场前提下，细分市场应明确轻重缓急，建议目前把目标市场分成主攻目标市场和辅助目标市场：对主攻目标市场主要任务是扩大市场占有率，辅助目标市场主要任务是扩大品牌优势，一旦时机成熟即可一跃而上。

3. 产品定位策略

对于建晖塑钢的产品定位,除了塑钢门窗本身具有的优势外,我们采取具有自身特点的二定位政策:一、定位品牌,二、定位价格。

(1) 定位品牌

树立品牌形象,强调品牌的象征来源于无可挑剔的产品质量,公司拥有十分完善的质量保证体系。

(2) 定位价格

重点强调价格是价值和品牌的体现,物有所值。推出既区别于普通型价格,又区别于中档型价格的经济型价格,不仅能够保证质量,又符合潜在购买者的承受能力。

客户的需求主要考虑两个方面:质量与价格。对于价格,目前是制约建筑商的主要因素之一,但是建筑商又想使自己的房子提高档次,这是一对矛盾。既想价格便宜,又想提高房子身价。因此,如何摆正这对矛盾,让建筑商心动,这是定位的关键。

对于质量,尤其是门窗,人们普遍担心的是漏水、老化等问题,因此消除这些顾虑,是十分必要的。

4. 广告诉求策略

(1) 广告诉求对象

广告的诉求对象就是目标市场策略中已经确立的目标客户——建筑商和家庭装饰户。

(2) 广告诉求重点

广告诉求应从消费者心理特征及认识观念出发,以"明天将用什么样的门窗?建晖——将是满足你的首选",作为诉求重点。将质量和价格观念融入这一诉求理念中,以充分的理由向客户展示产品的定位。打消人们对价格的偏见和对质量的担心。

(3) 诉求方法

针对建晖门窗的自身特点,根据不同的诉求对象,采取不同的诉求方法,建议:

对于建筑商采取理性诉求策略,通过真实、准确、公正地传达企业产品服务的客观情况,使受众通过认识过程,理智地作出决定。

对于家庭装饰户以采取感情诉求策略为主。通过引导人们对产品质量、品味的追求，塑造一种温馨的家庭氛围。让人感染这一环境中家庭生活的优美、舒适、情趣和浪漫。

5. 广告表现策略

广告主题

根据"明天会用什么门窗？建晖——将是您的首选"这一诉求重点，提炼出广告表现主题：

1）成熟的产品，独有的魅力，建晖为你开创美好生活。
2）时代的潮流，明天的趋势，展示全新门窗概念。
3）高贵的品质，合理的价格，全面提高生活质量。

6. 广告创意

根据广告主题，引伸出不同媒介的广告创意。

（1）电视创意

创意之一——圆桌会议

在一家大型房地产圆桌办公会议上，高级领导层正在决策为"锦江花苑"安装什么门窗。

甲：现在普遍流行铝合金门窗。

乙：对，并且铝合金价格也可以。

丙：太普通了，应该有点超前意识，我们需要的是21世纪的花苑！

丁：我看用塑钢门窗，现代、美观、清洁，价格也不贵。

戊：确实，塑钢门窗是明天的门窗，符合21世纪的潮流，那就用塑钢门窗了。

甲、乙：看来我们也得赶快进入21世纪！

国际金奖，建晖塑钢。

创意之二——门窗新概念

父母带着孩子在房产商的陪同下一起来看房，惊奇地发现，锦江花苑太美丽了（兴高采烈）。

母亲：看了许多，还是这里最美。

房产商：这是我们21世纪的人文整体设计，你们看，尤其是整排的塑钢门窗多好！

父亲：质量如何？

房产商：这是国际金奖产品。

孩子：（拉着爸爸妈妈的手）爸爸妈妈，我就要住这里！

好房子需配好材料。

国际金奖，建晖塑钢。

(2) 报纸广告创意

因建晖塑钢门窗属于理智型产品，购买时都比较慎重，消费者往往货比三家。客户也比较明确。因此，报纸广告建议以软广告形式作为重点，以硬广告作为辅助。

1) 软广告　介绍建晖塑钢门窗厂的经济实力、产品质量、品牌效益及实际业绩。让广大客户从中得到充分信息，取得信任。

2) 硬广告　配合社会重大事件烘托企业形象，在同行业和社会上造成一定影响。

(二) 广告媒体策略

1. 媒介策略

(1) 以报纸杂志广告为主导，向房主商、建筑师、消费者传达产品丰富的信息，同时以各种展示方式告知消费对象。

(2) 以电视广告和新闻广告为补充，向目标消费者广泛地传达塑钢观念，同时，宣传企业的形象。

选用媒介

报纸：《解放日报》、《新民晚报》、《新闻报》、《建筑导报》、《房地产报》。

杂志：《世界建筑》、《住宅》。

电视台：上海电视台、有线电视台。

2. 广告发布时机和频率

塑钢观念的接受是一个持久性的过程，因此，广告发布也须有持续间隔性，让人们逐步地接受。根据这一特点，每一季度发布一次广告，广告发布首先宜选择报纸、杂志。电视广告宜安排在建晖塑钢形成一定市场后。以加强影响力和宣传企业形象，加强人们对建晖塑钢的品牌认同。

三、广告计划

（一）广告总体时间计划

开始时间：3月1日

持续时间：10个月

结束时间：12月31日

（二）广告设计制作计划

各媒介广告的设计制作要求

1．报纸设计制作

在本策划通过后开始设计。在1997年2月底完稿并制成印刷胶片，以供预定报纸广告时间和版面。

2．电视广告制作

在本策划通过后开始设计，在1997年2月底完成最后胶片，以供媒介人员预定电视广告时段和时间。

（三）广告发布的规格

电视广告：30s。因为塑钢是一种理性产品。需要强有力的说服力所以需要30s的广告。

报纸广告：软广告以整版1/4版面为主。

硬广告以整版1/3版面为主。

杂志广告：彩色版面。

（四）广告媒介发布排期表（表13-5）

广告媒介发布排期表　　　　　　　　　表13-5

1/4软广告	一月三次连载
1/4报纸软或硬广告	每月一次
杂志广告	每月一次
电视广告	4月推出，每周三次
	5月持续，每周三次
	6月持续，两周三次

（五）营销活动

1．3月份举行新闻发布会，诚邀建材商、建筑师、房产商、新闻代表、建委领导,举行建筑塑钢信息发布会。

2. 以展示厅形式,参加具有影响的建材展览会,并且在各大建材市场进行现场展示活动。

3. 联合建委、新闻界、设计院举行"21世纪绿色建材"活动。活动内容:(1)21世纪绿色建材有奖征答;(2)结合世界环保日举行"与绿色同行"活动宣传周。

4. 结合建筑市场设立"建晖杯"室内设计优胜奖。

(六)广告费用预算(表13-6)

广告费用预算　　　　　　表13-6

项　　目		制作与媒介	金　额　(元)
总 策 划		广告整体策划报告	100 000.00
广告制作	电视	30s胶片	250 000.00
	报纸	1/4	10 000.00
	杂志	彩色插页	5 000.00
广告发布费用	电视	上 海 台	36天×3次/天×5000元=540 000
		有 线 台	36天×3次/天×4000元=432 000
	报纸	解放日报(1/4版)	3次×50000元=150 000
		新民晚报(1/4版)	3次×40000元=120 000
		新闻报	1次×60000元=60 000
		建筑导报	6次×2000元=12 000
		房产报	6次×2000元=12 000
	杂志	世界建筑	12次×10000元=120 000
		住　宅	12次×10000元=120 000
营 销 活 动			500 000元
机 动 费 用			100 000元
总　　　计			2 431 000.00